生き残りをかけた 大学経営の実践

― 消えゆく大学にならないために ―

新島学園短期大学学長
大学経営コンサルタント　岩田雅明／著

ぎょうせい

はじめに

　2013年1月に、それまで所属していた大学を定員割れから回復させたときに感じたことや学んだこと、そしてその後の大学経営コンサルティング活動を通じて学んだこと等を基にして、『生き残りをかけた大学経営戦略』という本を上梓した。幸いにして、この本は多くの大学や学校関係者に読んでいただくことができ、実際の学校経営、大学経営の指針となったとの過分な言葉もいただくことができた。

　その後、四年が経過し、経営コンサルタントとしての経験を重ねていく中で、新たに気づいたことや、それまでの考え方を修正したことも少なからずあった。そして何よりも、2015年4月に短期大学の学長に就任し、実際の現場でトップとして働く機会が与えられたことにより、どのようにして組織を動かしていったらいいのかということに関して、多くの気づきと課題を得ることができた。この経験は、私にとって大きな学びとなった。

　学長に就任して最初に感じたことは、短期大学が置かれている環境の厳しさであった。頭ではわかっていたのであるが、広報担当者が相談会から帰ってくるたびに、短大コーナーに相談に来る高校生はほとんどいないと落胆している様子を見ると、かつて女子の4分の1が短期大学に進学していた時代から、男女合わせて5％の進学率まで低下した現実を痛感させられたのであった。

　私が以前所属していた大学の前身は短期大学であった。1988年開学なので、今思えば、短期大学の良かった時代の終わり頃であった。それでも開学から数年の間は、学生募集に苦労することはなく、高校訪問も今とは対応が全く違い、高校側から歓迎されたものである。ところが1990年代の後半からその状況が変化し、「短期大

短期大学の数、在籍者数の推移

区　分		学　校　数				在　　籍　　者　　数					
		計	国立	公立	私立	計	国立	公立	私立	男	女
平元	1989	584	41	53	490	461,849	18,988	22,500	420,361	40,985	420,864
2	1990	593	41	54	498	479,389	18,510	22,647	438,232	40,946	438,443
3	1991	592	41	54	497	504,087	18,018	22,651	463,418	42,275	461,812
4	1992	591	39	53	499	524,538	17,482	22,518	484,538	43,494	481,044
5	1993	595	37	56	502	530,294	16,705	22,802	490,787	43,484	486,810
6	1994	593	36	56	501	520,638	15,271	23,548	481,819	42,829	477,809
7	1995	596	36	60	500	498,516	13,735	24,134	460,647	43,077	455,439
8	1996	598	33	63	502	473,279	11,982	24,091	437,206	43,989	429,290
9	1997	595	29	62	504	446,750	10,754	23,957	412,039	43,821	402,929
10	1998	588	25	60	503	416,825	9,648	23,254	383,923	41,453	375,372
11	1999	585	23	59	503	377,852	8,710	22,465	346,677	38,111	339,741
12	2000	572	20	55	497	327,680	7,772	21,061	298,847	33,990	293,690
13	2001	559	19	51	489	289,198	6,808	19,941	262,449	31,091	258,107
14	2002	541	16	50	475	267,086	5,800	18,834	242,452	30,057	237,029
15	2003	525	13	49	463	250,062	4,515	17,999	227,548	29,972	220,090
16	2004	508	12	45	451	233,754	2,975	16,510	214,269	29,291	204,463
17	2005	488	10	42	436	219,355	1,643	14,347	203,365	28,224	191,131
18	2006	468	8	40	420	202,254	597	11,909	189,748	25,092	177,162
19	2007	434	2	34	398	186,667	184	10,815	175,668	21,757	164,910
20	2008	417	2	29	386	172,726	52	10,565	162,109	19,208	153,518
21	2009	406	2	26	378	160,976	3	9,973	151,000	17,478	143,498
22	2010	395	—	26	369	155,273	—	9,128	146,145	17,482	137,791
23	2011	387	—	24	363	150,007	—	8,487	141,520	17,372	132,635
24	2012	372	—	22	350	141,970	—	7,917	134,053	16,501	125,469
25	2013	359	—	19	340	138,260	—	7,649	130,611	16,084	122,176
26	2014	352	—	18	334	136,534	—	7,388	129,146	15,812	120,722
27	2015	346	—	18	328	132,681	—	6,956	125,725	15,220	117,461
28	2016	341	—	17	324	128,460	—	6,750	121,710	14,485	113,975

（文部科学省：「学校基本調査」より）

学冬の時代」となったのである。幸い、その後、条件が整って四年制大学に改組することができたので良かったが、短期大学のまま残ったところは、その後、規模縮小や開設学科の変更など、様々な策を講じて頑張ってはいるが、一部の系統を除いては、あまり芳しい状況とはなっていない。

　私が学長に就任した短期大学も、規模の縮小や開設学科の変更を行って今に至っているが、人気度の高い系統ではないため、大きく落ち込んでいるとまではなっていないが、良好な募集状況というところまでは全く至っていない。そして、このような状況が続いていたので、財政的な余裕もあまりなかったと思われ、施設も老朽化してきているし、教職員の数も少なくなっていた。教員の数は設置基準ギリギリの数であり、職員に至っては、全国的に見ても最も少ないレベルと思われるほどの少ない人数であった。このような状況であったため、意欲の面でも多少、疲弊している感もあった。まさに外は厳しい悪天候であり、内は何とか日々の活動を回していくのが精一杯というのが組織のパワーレベルであった。以前に所属していた大学も決して恵まれた状態ではなかったが、それ以上に外も内も厳しいという状況であり、私にとっては、まさに逆境からの挑戦という、そんな覚悟を抱かざるを得ない状況であった。

　しかし、実際に学長としての活動をスタートしてみると、人数こそ少ないけれど、教職員が私の方針に従って素直に動いてくれるケースも多く、その意味ではいろいろな改革を進めやすい風土であった。もちろん、こちらが思っているように動いてくれないケースや、なかなか行動が生じないケースもあったが、それはそれで、私にとっては良い学びの機会であった。

　組織を運営していくうえでは、内外のいろいろな課題や障害に遭遇することもある。その際に適切な判断と行動がとれるかどうかが、その組織の命運を決めることになる。そしてそのために必要なことは、正しい状況認識に基づいた目指すべき明確な姿が描かれて

いて、それが構成員に共有されているということである。学長に就任してからの二年間の歩みの中でも、そのことはいつも意識し、強調してきたつもりである。

学長に就任して三年目となる新しい年度、幸いにして過去最高の入学者を迎えることができた。いろいろなことを着実に積み上げていった結果であると喜んでいる。いつも言うことであるが、一つの策で起死回生できるというような秘策はない。どのようにしたら学生に価値を与えることのできる大学となれるのか、それをどのように伝えたら相手に理解してもらえるのかということをいつも意識して、様々な活動を計画し、実行していくしか途はないのである。

私自身の総括として、二年間を振り返る必要性も感じているが、何よりも私たちのこの二年間の歩み、それは試行錯誤しながらの歩みであったが、それを伝えることで、学生に価値を与えることができる大学が少しでも増えたなら、それは何よりの喜びである。この本は、冒頭に挙げた『生き残りをかけた大学経営戦略』の実践版といえる。したがって、大学経営について体系的に論じたものではなく、その時その時に感じたこと、考えたこと、行ったことを綴ったものとなっている。この実践を、一つのストーリーとしてお読みいただき、皆様の学校で改善のストーリーを展開する際の参考にしていただけたならば大変幸いである。

2017年12月

　　　　　　　　　岩　田　雅　明

〈目　　次〉

はじめに

第1章　学長就任前に考えたこと

1　あえて逆境に入るべきか ……………………………………1
予期せぬ事態に／改めて短期大学業界を考えてみた／目
指すべき姿は

2　就任前にできることは ………………………………………5
準備ノートを用意／ささやかなアピールとして／現時点
でのビジョンは

3　マンパワーは大丈夫か ………………………………………8
少ない職員に驚く／職員の働き方について考える／授業
を担当することに

　〈ここがPoint〉12

第2章　学長に就任して感じたこと

1　これまでとこれからを考える ……………………………13
いよいよスタート／これまでの歩み／動かない組織／動
く組織に

2　茹で蛙にならないために …………………………………17
アンケートを実施／基本的な考え方、進め方を表明／目
指すべき姿を実現するためには／短大のイメージづくり
について

3　変えられるところから変える ……………………………21
イメージを発信すること／委員会のあり方について考え
る／結果を明らかにするということ

　〈ここがPoint〉25

第3章 基本戦略の策定と展開

1 私の基本戦略 ………………………………………………26
状況に応じた戦略の選択／七つの視点／音楽セミナーの
開催

2 皆を巻き込んで ……………………………………………30
学長の仕事は／対話の力／意見を形にしていく仕組み

3 四つの基本認識 ……………………………………………33
顧客を認識する／市場、競合を認識する／自学を認識す
る

4 目指すべき姿は ……………………………………………37
改めて目指すべき姿を考える／ブルー・オーシャンはあ
るのか

5 新しい顧客は ………………………………………………41
引き続き短大のブルー・オーシャンを考える／出口はど
うなるのか／短期大学としての優位性は

6 半年を振り返って …………………………………………45
就任して半年が過ぎて／イメージを鮮明に発信する組織
に／知名度向上を図る

7 ホームページを考える ……………………………………49
ホームページから基本戦略を考える／誰を対象とした
ホームページとするか／ホームページの有用性は

8 新しいことを行うとは ……………………………………53
新島襄の言葉から考えたこと／創発に必要な認識とは

9 変化を見える化する ………………………………………57
花壇が完成／教員満足度調査／職員力の向上に関する書
籍を刊行

10 学長の役割は ………………………………………………60
2015年を振り返って／学長のリーダーシップを考える／
様々なことの積み重ねが

11 暖かい風土づくり …………………………………………64
ひらめきノートを用意／コンパ経営／底まできれいな組

II

織に

12　変化するために必要なこと ……………………………68
学生の意見を聞く／委員会を新設／状況を改善していく
ためには

13　サポーターの重要性 ……………………………………72
サポーターを認識する／サポーターを組織化する

14　組織の成熟度を考える …………………………………75
組織の成熟度／組織の成熟度を上げていくためには／積
極的な風土づくり

15　分かりやすく伝える ……………………………………79
入学者の確保について／新年度に向けて／7つのコース
は

　〈ここがPoint〉 *84*

第4章　基本戦略を活動につなげる

1　新年度の計画を策定(1) ………………………………*85*
2015年度を総括する／2016年度の計画は

2　新年度の計画を策定(2) ………………………………*89*
引き続き2016年度の計画は／地域社会との連携／風土づ
くり

3　情報を効果的に発信 ……………………………………*93*
朝、エンジンをかけるためには／活動内容を積極的に発
信

4　学長の役割を確認 ………………………………………*96*
学長の存在意義は／ネットワークを構築する／ホーム
ページが完成／高校訪問がスタート

5　受験者を増やすためには ………………………………*100*
第1回目のオープンキャンパス開催／受験生の行動プロ
セスを考える

6　ロジカルな広報活動 ……………………………………*104*
第2回目のオープンキャンパスは／オープンキャンパス
の改善に向けて／ロジカルに考えること

目　　次　***III***

7 自学なりの成功ストーリーを描く ……………………… 108
マーケティング的視点から広報活動を考える／目を内に
向けること

8 仕組みをつくり動かす ………………………………… 111
少人数で面倒見がいい／エンロールメント・マネジメン
ト

9 信念と執念 ……………………………………………… 115
二年目の夏になった／音楽セミナーを開催／学生の話を
聞く

10 組織の一体感 …………………………………………… 119
時代も国も違えども／学生募集について

11 重要なことは伝える …………………………………… 123
最後のオープンキャンパスは／ディプロマ・ポリシーを
考える

12 ストーリーの共有 ……………………………………… 126
学長の役割を再確認／教職員の満足度を高めるために

13 考える力、行動する力(1) ……………………………… 130
職員力の向上／行動する力／考える力の前提として

14 考える力、行動する力(2) ……………………………… 134
引き続き職員力の向上を考える／考える力を養成する

15 組織能力を高める ……………………………………… 138
推薦入試が始まる／なぜ動かないのか／将来を考える会
議体

16 市場認識の重要性 ……………………………………… 142
FD・SD研修を通して／市場を認識する／学長諮問チー
ムを編成

17 リーダーシップを考える ……………………………… 146
リーダーについて考える／教職協働とは／学生の声を組
織で聞く

18 分かっちゃいるけど動かない ………………………… 149
理解と行動／なぜ積極的な行動が生じないのか／行動を
生み出すためには

19 目標を明確にする ……………………………………………… *153*
　年が新しくなり／今年の目標は／活動を導く広報
20 業務の効率化を図る ……………………………………………… *157*
　業務の効率化／会話による業務の可視化／日報の勧め
　〈ここがPoint〉 *162*

第5章　結果の明確化と振り返り

1 何もしない成功 ……………………………………………………… *163*
　これまでを振り返ると／本当の失敗とは／投資と節約
2 振り返りの視点 ……………………………………………………… *167*
　日常業務と改善／当事者意識とは／当事者意識を持って
　もらうには
3 常に進化を目指して ……………………………………………… *170*
　広報活動の変化、進化／成功事例の有用性は／卒業する
　人たちに
4 学生確保のポイント ……………………………………………… *174*
　一番の課題は学生確保／どのようにアピールすべきか／
　募集状況は
5 過去最高の入学者 ………………………………………………… *178*
　2017年度の入学式を挙行／変わってきたことは／マンパ
　ワーの強化も
6 まとめとして ………………………………………………………… *182*
　戦略的ポジショニングを描く／ゴールが決まれば／明る
　く苦しむ
　〈ここがPoint〉 *186*

第6章　優れた経営実践校の紹介

　私がベンチマークした短期大学（北海道武蔵女子短期大学）……*187*
　地域を愛し、地域に愛される大学（新潟国際情報大学）………*195*
　風土と仕組みが生み出す組織能力（福岡工業大学）……………*203*

　おわりに

第1章 学長就任前に考えたこと

1 あえて逆境に入るべきか

◇予期せぬ事態に

2012年3月、次女が大学を卒業し就職したのを機会に長年勤めていた学校法人（大学）を退職し、かねてからやりたいと思っていた大学等をメインとする経営コンサルタントに転身した。もちろん、この道でやっていけるのかどうかということに関して、十分な自信があったわけではない。しかし、ここで決断をしなかったら一生後悔するだろうと思い、転身を決めたのである。

在職中から懇意にしていただいた人たちの支援等もあり、何とか順調な歩みを開始することができた。いろいろなつながりから仕事も徐々に増え、半分が実働、残り半分が充電という、きわめて快適な生活を経験することができていた。

そのような中で、ある短期大学から広報に関してのアドバイスを求められた。広報スタッフが極めて少ない短期大学であったので、本当に必要なことだけを抽出し、それをきちんと実行するようにアドバイスを行った。そのアドバイスを広報担当者たちが適切に忠実に実践してくれた。もちろん、そのせいかどうかは確実には証明できないが、その短期大学は改組以来、初めて入学定員を充足することができたのである。

それから半年ほど経過した時に、その短期大学の学長就任の打診が来たのである。突然の話に大変驚いたが、そもそも適任ではないし、コンサルティングの仕事をしたいがために組織を離れたので、もう組織に戻る気はないということでお断りした。ところが、過分な評価をしていただけたのか、経営コンサルティングの実践の場の一つとして取り組んでもらえないかという申し出をいただいたので

ある。

　そのような話であれば、私の本業ということにもなるし、決して恵まれた環境とはいえない中にある短期大学の可能性にチャレンジしてみたいという大それた気持ちも、若干、自分自身の中に芽生えてきて、その申し出を引き受けることになったのである。

◆改めて短期大学業界を考えてみた

　日本私立学校振興・共済事業団が2016年8月に発表した2016年度の私立大学の入学状況を見てみると、定員割れ大学の比率は四年制大学で44.5％、短期大学で66.9％となっている。四年制大学も厳しくなってきているが、短期大学の状況はさらに厳しいものとなっている。地域別に見てみると、当然ながら都市部より地方が厳しくなっているし、分野別では昨年度、唯一、定員を充足できていた保健系も100％を割り込み、分野として定員を充足できている分野は皆無となってしまった。

　私が以前いた学校も1988年に短期大学を設立し、1999年に四年制大学に改組したという経緯があったので、短期大学の凋落については身をもって実感してきた。入学者が集まらなくなり入試のハードルを下げる。それによって社会的評価が下がり、さらに入学者が集まらなくなるという、まさに負のスパイラルであった。最後の頃には既に短期大学の復権を目指そうという意欲は消えていて、四年制大学への改組で生き残ろうという選択肢しか考えなかった。その時のやり残し感も、今回のチャレンジの背景にあるようにも感じている。

　このように短期大学への進学者が減少した理由としては様々なことが考えられるが、四年制大学との関係でいえば、求人市場の四大卒女子需要の高まりということがあるだろう。女子の場合、四年制大学に行くより短期大学に行った方が、断然就職に有利という状況が逆転したのである。

　しかし、これだけであれば四年制大学に行く人が増えた分だけ短期大学進学者が減るという計算になるわけであるが、実際はもっと

厳しい状況となっている。短期大学進学者が最も多かった1993年の数字を見てみると、四年制大学入学者が55万人（万未満四捨五入、以下同様）、短期大学入学者が25万人、専門学校入学者が36万人となっている。それが2016年には、四年制大学入学者が62万人、短期大学入学者が6万人、専門学校入学者が27万人となっていて、18歳人口の減少に伴って全体の数は減っているが、増減の比率としては短期大学の一人負けという状況になっている。すなわち専門学校にも入学者を相当数奪われているという状況になっているのである。

　私が短期大学にいた当時、ある教育情報産業のセミナーに参加したことがあった。テーマは、今後の進学動向というようなものであったと思う。その中で、高校生の進学状況調査に基づく予測が話された。それは、現在、専門学校に入学している高校生は、学力面で短期大学に入れない層の生徒なので、18歳人口が減り、短期大学への入学が易しくなると短期大学に進学することになる。したがって、専門学校の多くが市場から消えていくという内容であった。

　しかし、現実は前述のとおり、その予想とは全く異なるものであった。その原因を探ることも、短期大学の復権には不可欠なことである。四年制大学と専門学校の狭間で苦しんでいる短期大学が目指すべき姿は、当然ながら両者に対しての優位性を持ったポジショニングということになる。これをこれからの実務の中でいかに見出し、実現していくことができるのかが、私の業務の成果に大きくかかわってくることになる。

◇目指すべき姿は

　私が目指したいと思っている短期大学の姿は、現段階では抽象的にしか表現できないが、社会に出てから、継続して役立つ力を二年間で身に付けられる短期大学である。このようなことを考えたのは、いろいろな短期大学を見ての実感からである。短期大学が苦しむ中にあって、順調な歩みを続けている短期大学に共通している要素はこのことではないかと思っている。この力をどのようにして養

成しているかは、各学校によって異なっているが、各学校の教育・支援が目指している方向性は同じであると感じている。

　また、この目指すべき姿を描き、実現していくためには、学校を取り巻く様々な状況を正確に認識し、それを教職員が共有していくことと、教職員の日々の気づきを汲み上げること、そして教職員の知恵と意欲を引き出していくことが不可欠となる。成果の上がっていない学校を見てみると、最初に挙げた、その学校を取り巻く状況の認識ができていないことが多い。この状況認識ができていないと、適切な目指すべき姿を描くことができないので、教職員の努力の方向性も一致せず、成果に結びつきにくい状況となってしまうのである。

　学校の進むべき道を明らかにし、それを教職員が共通に認識して改善・改革を進めていくという、最も効率的に効果の出る方法をとることができない学校は、とかく目先の成果を求めることになりがちである。となると、どうしても対症療法的な方法に頼ることになってしまう。それは、広報活動等にも顕著に表れてくる。

　例えば、大学や短期大学が熱心に行っている高校訪問もそうである。一人の生徒を学生として成長させ、社会に送り出していくというプロセスを共に担う共同体という関係性を、高校教員との間に築いていくというアプローチではなく、自校の良いところだけを強調して伝えるという、営業的なアプローチになってしまっているのが残念ながら現状である。

　私が学長に就任してからの最初の仕事は、自分の短期大学を取り巻く状況をきちんと認識することと決めている。トップに確かな状況認識がなければ、組織の方向性を適切に統一していくこともできないし、それを実践していくための適切な戦略の立案もできないからである。

2 就任前にできることは

◇準備ノートを用意

　短期大学の学長に就任することが決まると、当然ながら私の頭の中では、どのようにしていったらいい短大を創れるのかということに意識が向くようになってくる。人間、意識をするようになると、そのことに関する情報が目につくようになるし、そのことに関してのいろいろな考えも浮かんでくるようになるものである。

　そこで、ノートに就任予定の短期大学のページをつくり、そこに思い付いたことをいろいろと書き込むようにしたのである。そうしないと、いつの間にか浮かんだアイディアが消えてしまうからである。私の場合、明け方の、うとうとしているときにアイディアが浮かぶケースが多い。「あっ、これいいアイディアだな」と思いながらも二度寝してしまうと、ほとんどの場合、その内容を思い出せないのである。その反省に立って、ベッドサイドにもメモ帳を用意し、眠い頭でも何とかメモに残すようにしている。

　そのようにして書き込まれたノートの中身には、「まずは状況を認識する。そのためには学生にインタビューをする、教職員と話し合う、関係性の強い高校への訪問に同行する」といったことや、「現場の知恵を活用できる仕組みをつくる」「保護者会や同窓会といったサポート組織の充実・強化」「対外的なアピールを強化する」など、いろいろなことが盛り込まれている。

　これらはもちろんのこと、学長就任前には着手できないことであり、現状もわからないところが多いので、どこから着手すべきかといった優先順位を考えることも難しい状況であった。その中で、すぐにできそうなこととして思いついたのが、自分の名刺であった。学長に就任すると、すぐに関係者や関係団体等に挨拶に行くことになるであろう。その際に必要となるのは名刺である。そこにその短期大学の良いところをアピールする文言を載せることで、効果はわ

ずかであろうが対外的なアピールになるのではないかと考えたのである。

◆ささやかなアピールとして

　学校に連絡すると、幸い、私の名刺はまだ準備していないとのことであったので、自分がつくるということで了解してもらった。その短期大学で使われていた名刺は、非常にオーソドックスなもので、校章と短期大学名が上段にあり、中段に職名と氏名、下段に所在地が印刷されている、黒の単色のものであった。

　黒の単色の名刺というのも味気ないし、折角の機会に相手に校名だけを知ってもらうのではもったいないと思い、少し改善を加えてみようと思ったのである。スクールカラーがあるのではないかと思って問い合わせてみると、「江戸紫」という色とのこと。ウェブで検索すると、海苔の佃煮といった解説も出てくるが、武蔵野に生えていたムラサキの根を染料として江戸で染めはじめたところからついた名前で、藍色の勝った紫色。江戸を代表する染め色という解説であった。ウェブで見てみると、なかなか品のいい色である。そこでこの色を校章に使い、2色刷りの名刺作成に取り掛かった。

　短期大学の良いところをアピールするキャッチコピーとして選んだのは、「就職にも進学にも強い短大です」という文言である。このキャッチコピーに関しての話は、私がその短期大学の広報アドバイザーとして就任した2013年の夏にさかのぼることになる。その当時、その短期大学がパンフレットやホームページ、新聞等の広告で使っていたキャッチコピー（正確にはキャッチコピーという意図ではなく、建学の精神、教育の理念ということと思われるが）は、「真理」「正義」「平和」というものであった。

　最初の広報関係の会議に出席した時に、短期的に募集状況の改善を図るためには、持っている良い点、学生に与えることのできる価値を明確に示すアピールが必要であることを伝えた。そして、会議の中でその短期大学のいろいろな取り組みを聞き、その実績を聞い

ている中で浮かんだキャッチコピーが「就職にも進学にも強い短大です」というものであった。

その短期大学は教育・支援内容において優れたものがあり、その結果、優れた就職実績や四年制大学への編入実績を挙げていたのであるが、そのことを率直にアピールしていなかったのである。言い換えるならば、短期的に募集状況を変えられるだけの内容を、既にその短期大学は持っていたということである。

◇現時点でのビジョンは

前に、まずは自分の短期大学とそれを取り巻く環境を認識することから始めたいと書いたが、就任前の時点でも、ビジョンの仮説は持ちたいと思っていた。もちろん体系的なものではないが、いくつかの要素は頭の中に浮かんでいた。

まず必要な要素として考えたのは、学生や保護者に対して有用な価値を与えられる短期大学であるということである。何が有用な価値かは個人個人によって異なる面もあるであろうが、共通する要素として、卒業後の進路がきちんと確保されているということが挙げられると思う。それは何のために安くない学費を払って進学させているのかということを考えたならば、明らかなことである。

例えば、就職は個人の問題だとか、就職だけが人生ではないなどとうそぶく教職員の声も聞いたことがあるが、それはあまりにも無責任なことではないだろうか。多くの場合、学生や保護者は学ぶことそのものや、学生生活そのものに対して学費を払っているのではなく、学ぶことによって社会に出る力が身に付き、大学の支援によって実際に社会に出ていけることを期待して投資しているのである。大学や短期大学側の、この点の認識に関しては、もう少し厳しさが求められてしかるべきではないかと思う。

二つ目は、働きやすい職場にしていきたいということである。誰もが、働きにくい職場よりも働きやすい職場を望んでいるはずなのに、なかなかそのようになっていないという話をよく聞くが、それ

はなぜなのだろうか。働きにくい職場をつくるメリットというものが、経営者側にあるのだろうか。いや、そのようなものはないはずである。ではなぜ働きやすい職場の実現が難しいのかといえば、管理者側が構成員の働く意欲を引き出す術を知らないため、権限によって管理するしかなくなってしまっているという事情があるのではないだろうか。

地域社会において必要とされ、生き残っていける短期大学になるためには、学生にとっても、教職員にとっても、地域社会にとっても「いい短大」であることが求められる。学生の満足度向上ということや、地域に対しての貢献といったことはよく言われることであるし、多くの大学、短期大学でも重視していることであるが、教職員の満足度向上ということは、ともすれば後回しにされがちである。

しかし私は、教職員の満足度こそが大学を改善・改革していくときのもっとも重要な要素ではないかと考えている。教職員一人ひとりの働きが周りから認められ、学生の成長を支援することにやりがいを感じ、自己の成長を感じることで充実感を得ることのできる、そのような短期大学をつくっていきたいと考えている。

もちろん、そのためのマネジメントのポイントを十分に承知しているというわけではないので、手探りのマネジメントという部分も少なくないと思う。しかし、それを逆手にとって、どうしたらもっといい短大になれるのか、どうしたらもっと働きやすい職場になれるのかという問いを発し続けることで、皆の中から答えが出てくる気がするのである。

3　マンパワーは大丈夫か

◇少ない職員に驚く

入学式やオリエンテーションといったプログラム等の打合せのため就任予定の短期大学に行った際に、事務局の職員の人たちと少し話をする機会があった。その中で、職員の人数について話が及ん

だ。聞いてみると、教務系が1名、学生支援担当が1名、入試広報が2名（うち専任1名）、総務が3名という陣容であった。忙しくないですかと訊いたところ、多少の残業は日常的にあるが、何とかなっているということであった。

その時に思い出したのが、昨年、短期大学の経営者を対象とした研修会で講師を務めた際に、参加していたある短期大学の理事長の話であった。その理事長は、以前は民間企業にいた方で、最近、短期大学の理事長に就任したという経歴であった。就任して驚いたことは、あまりにも事務室内の時間がゆっくりと流れているということであったという。それまでいた企業に比べると、半分以下のスピード感のように感じたと話していた。

これらのことから推測できることは、平均的な職員数を抱えている短期大学や大学で、特別な改革・改善に取り組んでいないという場合であれば、現状の職員配置状況は、非常にゆったりしたものではないかということである。これまで恵まれた環境下にあった大学では、何か新しい業務に取り組む必要が生じると、新しい部署をつくり、そこに新たに職員を配置するという状況が多かったように思う。

そして、業務の点検、棚卸しといったことは、ほとんど行われてこなかったので、一人当たりの職員の業務量が適切なのかどうかといったことは、本人以外は誰も知らない（もしかしたら本人も知らない？）という状況になっているのではないだろうか。コンサルティングに伺った大学等でも、新しい業務を提案すると、現場からは、現状、もう手一杯で、新しい業務は到底引き受けられないという反応が返って来るケースが多かった。そして、それが本当なのかどうかは管理者も判断できないため、結局、新しい業務には取り組めないままということも少なくなかった。

また、耳を疑うような話も聞いたことがある。ある部署の管理者の、人手が足りないという要望に応えて新しい職員を採用したところ、新しい職員の仕事が無いという事態が生じたという。これまで

いた職員に対して、新しい職員への業務移管を指示したところ、そんなことをしたら私の仕事がなくなってしまいますという返事が戻ってきたという。本当に、のどかな職場環境といえよう。

　その点、就任予定の短期大学は、最小限の人数で日常業務をこなしてきたので、人数を増やす場合は新しい改革や業務拡充のためということが明確になるので、効率的な人員配置ができそうである。これまで少ない人数で事務を処理してきたので、大変な面も多かったと思うが、事務組織が贅肉のない体質でいてくれたことは、新しい学長としては、ある意味、やりやすい状況であると感じている。

◇**職員の働き方について考える**

　また、職員の数とも関連するが、前述の理事長が感じた職員の働き方のスピード感ということも、もう少し改善できることの一つであると思う。

　これも関係していた大学の話であるが、会議でいいアイディアが出たのだが、今回、実行するには時間がないという理由で来年に先送りされてしまったのである。来年に先送りということは、一年間も実行が遅れるということである。環境の変化が激しい今日のような状況において、一年間も先に延ばすということは、環境変化への対応が大きく遅れてしまうということである。時間があまりないということで、十分な形での実施はできなくても、仮に半分程度でも実施できたならば、その分の成果は期待できるのである。大学を取り巻く厳しい環境を考えるならば、とりあえずやってみるという選択をすべきではないだろうか。

　最近、ある大学でめずらしく逆のケースの話を聞いた。その大学の幹部職員が、ある大学のパンフレットを見て、これはいいと思ったので、その大学を訪問し、同じようなパンフレットを制作することに関しての了承を得た。しかし、その時は既に12月で、５月上旬にはパンフレットを完成させる必要があるため、残された期間はわずか４か月であった。これまでの大学のスピード感であれば、翌年

度回しということになるのであろうが、その幹部職員が広報担当の職員に確認したところ、「大丈夫です、やってみましょう」という返事が返ってきたという。

　そのパンフレットは、卒業生の様々な働き方を紹介することを通じて、その大学を卒業することで就ける仕事を紹介するという内容のものなので、取材だけでも相当な日数を必要とするものであった。そのようなパンフレットであったが、なんと約束通り4か月で完成させたのである。実物を見せてもらったが、400ページ近くあり、内容も豊富な立派なものであった。

　いいと思ったパンフレットについて、すぐに先方の了承を得た幹部職員のスピード感も素晴らしいが、短期間での仕事を引き受け、仕上げた広報担当職員のスピード感も見習うべきものである。その広報担当職員は、他の業界から最近転職してきたとのことであるが、大学のものとは違う仕事のスピード感を持っていたことが、このようなことを可能にした理由ではないだろうか。

　もちろん短期大学は教育機関であるから、スピーディーに業務を処理するということだけでなく、時間をかけて学生とじっくり話すといったことも職員には求められることである。しかし、環境が悪い方向にどんどんと変化していく大学業界にあっては、それに対応したスピード感を出していくことが、これからは強く求められてくると思う。

◆**授業を担当することに**

　就任予定の短期大学は、幅広い学びを取り揃えたキャリアデザイン学科という学科と、保育士や幼稚園教諭を養成するコミュニティ子ども学科の2学科を開設している。私の所属はキャリアデザイン学科になるということで、その構成員として授業も一つ担当することになった。これは予定していなかったことなので、どのような授業を持ったらいいのかについて考えることになった。

　自分が扱える分野で、しかも学生にとって有用な知識等が得られ

第1章　学長就任前に考えたこと　**11**

るものという基準で検討してみた結果、出てきたのが「ロジカルシンキング」という授業であった。これに類したテーマは、以前から企業の社員研修等で扱って来たので、それを学生版に修正すれば何とかなるのではないかということと、私が現時点で目指すべき姿としてイメージしている、「卒業後の進路が確かで豊かな短期大学」の実現に多少は貢献できるのではないかと考えたからである。そのために、毎回の授業の中に３分間程度、「常識を身に付けよう」という時間を設けて、社会に出た際に必要となる「常識」を身に付けてもらうことも実施したいと考えている。この取り組みについては、いずれはすべての授業で実施してもらうことを想定しているが、まずは自分の授業でその有用性を確認したいと考えている。

　必要なこと、やった方がいいことはいろいろあるので、いろいろなことに意識が行ってしまいがちであるが、限られた資源を効果的に活用して、できるだけ高い成果を上げるためには、皆の進むべき方向性を一致させ、そこに資源を集中させることが必要である。まずは「卒業後の進路が確かで豊かな短期大学」の実現である。

 第１章「学長就任前に考えたこと」　ここがPoint

○どのような大学にしていけば選ばれる大学になれるのかということを、取り巻く状況を基に考え、明確にすること。
○現状、行っていることや、そのやり方を、論理的かつ批判的に再検討すること。

第2章 学長に就任して感じたこと

1 これまでとこれからを考える

◇いよいよスタート

2015年4月2日、入学式が行われた。新島学園短期大学は、群馬県出身の宗教家、教育者である新島襄の教育精神を受け継ぐ学校法人新島学園によって設立された、キリスト教主義教育を実践する短期大学なので、礼拝を行うチャペルという施設が学内にあり、入学式もそこを会場として執り行われた。

自学についての認識がまだ不十分であったので、学長の式辞も多少一般的なものとならざるを得ない面もあったが、短期大学の主たる役割である、地域社会に必要とされる人材の育成ということを重点において、卒業後の進路が確かで豊かな短期大学づくりに努め、卒業するときに、この学校で学べて良かったと思われる短期大学としたいということを、自分への約束という意味も込めて、述べたのである。

式が終わり、辺りを見渡してみると、きれいに使われてはいるが、相当、年季の入った会場である。そのほかの校舎等も見てみると、比較的新しいものもあるが、建ててから、かなり長い年数を経ていると思われるものもいくつか残っている。聞けば、この短期大学は、市立の女子高等学校の跡地につくられたもので、その当時の校舎がまだ使われているとのことであった。円形の校舎もあり、当時としては非常にモダンなものであったと思われるが、さすがに数十年の時を経ると老朽化が進み、使いにくいところも出てきているようである。

学校の価値は施設・設備よりも中身だということは確かであるが、中味の細かな違いというものは、なかなか認識されにくいもの

第2章 学長に就任して感じたこと **13**

である。そして、中味での差別化が図れないとなると、見た目の施設・設備が最後の選択の要素となる可能性は大きいといえる。施設・設備のリニューアルは、この短期大学の課題の一つであると感じた。

◆**これまでの歩み**

　新島学園短期大学は、1983年に群馬県高崎市に誕生した学校で、当初は女子短期大学として開学し、国際文化学科という教養系の学科を開設していた。当時は、女子の高等教育は短期大学が中心であり、四年制大学に行くとかえって就職しにくいという状況であった。このため、女子の進学先としては短期大学が圧倒的な人気を集めていた。

　これは群馬県においても同様で、進学者の多い高校では、女子の半分以上が短期大学に進学するという、今では想像できないような状況であった。その中でも、新島学園短期大学は、県内に初めて誕生した国際系の短期大学ということもあって、開学から十数年間は、県内の短期大学のトップランナーと評価され、卒業後の進路も、女子に人気の金融機関への就職では圧倒的な優位性を誇っていた。出口がそのような状況であったので、当然ながら入口での選抜性も高く、推薦入試では評定平均値4.2といった推薦基準を設定していた時代もあったと聞いている。

　それが1990年代後半に入ると、女子に対する求人動向も四年制大学志向が強くなり、それに伴って女子の四年制大学進学が増加したため、短期大学は入口でも出口でも、非常に厳しい状況におかれるようになった。新島学園短期大学を取り巻く環境も厳しさを増し、これまでの女子のみを対象とした、教養系の短期大学での運営が困難になり、2004年の4月、男女共学の、キャリアデザイン学科と保育学科（のちにコミュニティ子ども学科に改称）の2学科を開設する短期大学に改組したのである。

　そして改組以降は、18歳人口の減少と短大進学者の減少といった

環境の中で、定員を充足できない時代が続いたのである。そうなると当然、財政的にも厳しい状況が続くことになり、開学時と、開学して数年後に新しい校舎を建築した以降は、新しい施設になかなか投資できず、その結果、先に述べたような施設面での課題が出てきているというわけである。

◇**動かない組織**

　入学式も済み、オリエンテーション期間に入り、短大自体はめまぐるしく動き出したが、私自身は、日常的に取り組む業務はまだないので、状況認識のため、まずは職員の方、全員と話をすることにした。

　前にも書いたが、教務担当1人、学生担当1人といったように、非常に少ない職員で運営している事務組織で、しかも人事異動もほとんどないため、分業化、専門化による習熟度が高くなり、ルーティン業務であれば、それぞれが独自に処理していけるという体制になっていた。このため、職員が一堂に会して会議を行うという必要性を感じることがなかったのであろうが、事務職員の会議というものは、ここしばらくの間、行われたことがなかったという。

　これは、業務処理面ではある意味、効率的であるといえるかもしれないが、業務を改善していくという点から考えると、独善的になるおそれがあり、好ましい状況とは言えない。また何よりも、ルーティン業務でない、これから最も必要とされる、学校をいい方向に変えていくための新しい業務を行うためには、自由な意見交換の場、対話の場の設定が不可欠となる。このような方向性にしていくための仕掛けを考える必要があると感じた。

　また、これは職員の方からも教員の方からも聞いたことであるが、これまでは、なかなか新しい動きというものが学内から出てこなかったということである。しかし、これはもしかしたら、この短期大学だけでなく、多くの学校における共通の課題ではないだろうか。私たちは、受けた教育が減点主義であったためか、失敗しない

第2章　学長に就任して感じたこと　**15**

ことを良しとする風土が、どの組織にもあったように思われる。また、学校業界では、売り上げを競うとか、働きぶりを評価されるといった競争的な環境がなかったので、組織内での調和を図ることが優先され、組織内に波風を立てるおそれのあるような新しい提案は、自然と自粛されてきたようにも思われる。

◇動く組織に

これまでのように恵まれた環境であれば、このような組織風土で全く問題はなかったし、その方が、むしろ心穏やかにいられたのであるが、これからの厳しい環境の中では、そのような悠長なことは言っていられない。もちろん、じっくりと考える必要性はあるが、いくら考えても、やってみなければ結果は分からないし、出ないのである。そして、行動を起こしてみれば、十分な成果は得られないかもしれないが、何がしかの成果は得られるものである。いいと思ったことは、とにかくやってみる。これが、これからの大学経営には必要な姿勢だと思う。

そのための手段として、プロジェクトチームを編成することにした。とにかく動いてみるということを目的としたものなので、チーム編成は、課題となっている「施設・設備チーム」、これまでにある程度の実績のある「地域連携チーム」、これまで手の回らなかった「補助金獲得チーム」、そして、事務局の業務改善を目的とした「事務合理化・充実チーム」の、比較的着手しやすいと思われる四つのテーマでプロジェクトチームを組織し、活動することを提案した。

自主的に動いてもらわなければならないので、プロジェクトチームへの参加は任意としたが、自分たちの考えや行動で、自分たちの学校をよりよいものにしていくための活動という趣旨は伝えた。また、負担増となるだけでは参加意欲も湧きにくいと思ったので、整理できる会議は整理して、プロジェクトチームの活動時間も確保した。結果は8割以上の教員と職員が参加の意思を表明してくれ、無事、四つのプロジェクトチームをスタートすることができた。

この活動が、動けば状況は変わるということを教職員に実感して
もらえるようにしていかなければならない。

2　茹で蛙にならないために

◇アンケートを実施

　学長になって、まず実施したいことは現状認識であると、以前、
書いたが、その中でも最も重要である顧客認識を図るため、学生に
対してアンケートを実施した。1年生に対しては、広報活動の点検
と改善を主目的として、入学に至るまでのプロセス、すなわち、ど
こで知り、何に興味を持ち、どこと比べて、その結果、最終的に入
学先として選択したのかについて尋ねる内容でアンケートを行っ
た。その結果、判明したことは、あまり明確なイメージが持たれて
いないということと、第一志望が思っていたよりも多くなかったと
いうことである。

　2年生に対しては、この短大で1年間過ごしてみての満足度を学
習面や支援面から尋ねるのと併せて、要改善点等についても尋ねる
内容とした。その結果は、規模が小さいことによる面倒見の良さ、
アットホームな雰囲気といったプラスの評価と、設備面での不満や
授業時間が多いことに対しての不満が浮き上がってきた。今後の活
動の方向性の中に、このアンケート結果を盛り込んで、次回のアン
ケート結果が、今年よりも改善されるようにしていくことが私の課
題となった。

　学生に対してのアンケートは、どこの大学・短大でも実施してい
ると思われるが、実施して集計して終わりという状況や、分析まで
はしたが、それで終わっているというケースも少なくないようであ
る。アンケートによる状況把握は、改善につなげて初めて意味ある
ものとなるのであるから、折角の労力を無にしないようにする必要
がある。

第2章　学長に就任して感じたこと　**17**

◇基本的な考え方、進め方を表明

　良き時代から厳しい環境へと状況が変化していく中で、多くの大学がその認識と対応が適切にできなかったように、新島学園短期大学も組織としての対応は十分にはできなかったようである。その原因の一つとして、自分たちはどの方向に向かって進んでいくべきかということが、明確でなかったことがあると思う。組織の方向性を統一し、足並みをそろえていくためには、どこに向かって進んでいくかというゴールの明確化が最低限必要となるからである。

　ゴールを適切に明確に描くためには正確な状況認識が必要となるが、それには多少の時間が必要となる。環境は厳しい方向に、遅くないスピードで変化していっていることを考えると、仮説としての方向性は出しておく必要がある。そこで、最初の教授会で、「新島学園短期大学の挑戦—基本的な考え方と、これからの進め方について」と題して、私が現在考えていることを話したのである。ちょっと勇ましい題名にしたのは、少しでも皆の気持ちを奮い立たせたいという思いからであり、私の決意のほども示せればと考えたからである。

　内容は、前述のアンケート調査結果から出てきた、第一志望者がそれほど多くないということから、今後、18歳人口の減少や当該分野の人気の推移等で、他の短大等が受け入れ余地ができた場合、そちらに入学者を奪われる確率が高いということ、そして、そのような状況を避けるためには、ここ2、3年のうちに人文・社会系、幼児教育系の短期大学では県内トップの評価を得る必要があるということを現状認識として述べた。

　次に、そのような状況の中で目指すべき姿を描いていくためには、教職員の意見を聞くことが必要となるが、現時点で、私がこれまでの知見から考えているものは「卒業後の進路が確かで豊かな短期大学」というものであることを改めて伝えたのである。短期大学業界を見ると、学生を安定して確保できているところには、出口が

しっかりしているという共通点がある。医療系のように、当該分野の人材の需給状況からして出口に強いというところも多くなってきてはいるが、人文・社会系の短期大学でも出口がしっかりしているところは安定した学生確保状況を示していることも伝えた。

　新島学園短期大学は教職員合わせても30名程度の小さな短期大学なので、皆が出口をしっかりさせるために必要な社会人力、それは基礎学力、専門知識、スキル、礼儀作法、一般常識、人間性といった総合力になると思われるが、その育成について意識し、組織を挙げて取り組んでいくことで、差別化が図れるレベルの成果が期待できるのではないかという期待も伝えた。

◇目指すべき姿を実現するためには

　目指すべき姿を実現させていくためには、当然のことながら、そこに向けて皆が動き出すことが必要になる。それは個々の教職員が動き出すというよりは、様々な部門が連携・協働して動き出すということである。すなわち組織が一丸となって動き出すということが必要となるのである。

　組織が一丸となるためには、目指すべき姿を共有することと、目指すべき姿の内容と重なる部分でもあるが、働き甲斐のある職場風土が必要となる。誰もが、働きにくい職場よりも働きやすい職場を望んでいるはずなのに、なかなかそのようにならないという話をよく聞くが、それはなぜなのだろうか。働きにくい職場をつくるメリットというものが、経営者側にあるのだろうか。いや、その様なものはないはずである。ではなぜ働きやすい職場の実現が難しいのかといえば、管理者側が構成員の働く意欲を引き出す術を知らないため、権限によって管理するしかなくなってしまっているという事情があるのではないだろうか。

　地域社会において必要とされ、生き残っていける短期大学になるためには、学生にとっても、教職員にとっても、地域社会にとっても「いい短大」であることが求められる。学生の満足度向上という

ことや、地域に対しての貢献といったことはよく言われることで、多くの大学、短期大学でも重視していることであるが、教職員の満足度向上ということは、ともすれば後回しにされがちである。

しかし私は、教職員の満足度こそが大学を改善・改革していくときのもっとも重要な要素ではないかと考えている。教職員一人ひとりの働きが周りから認められ、学生の成長を支援することにやりがいを感じ、自己の成長を感じることで充実感を得ることのできる、そのような短期大学をつくっていきたいと述べて所信表明を締めくくった。

◇短大のイメージづくりについて

また、アンケート結果から得られた「あまり明確なイメージを持たれていない」という点に関しての、私の考えも述べた。

学校のイメージというものは、いろいろな事柄からつくられるが、短期的かつ戦略的にイメージをつくる場合には、持ってもらいたいイメージを決めて、それに合った情報等をこちらから発信していくことが必要となる。私が受験生や関係者に持ってもらいたい新島学園短期大学のイメージは、「上品でお洒落で真摯」というものである。

イメージを形成する要素となる情報としては、在学生たちの様子、卒業生の状況、キャンパスや校舎、学校のパンフレットやポスター、封筒、名刺など様々なものがある。これらの情報のうち、こちらでコントロール可能なものについては、できる限り速やかにイメージに沿った形に改善していきたいと考えていると伝えた。

まず今回は、時期的に何とか間に合ったオープンキャンパスのポスターを作成してみた。これまではチラシのみであったが、ポスターであれば高校内に掲示されるので、高校生の目につきやすいということで新たに作成したのである。そして当然「上品でお洒落で真摯」という線に沿って、デザインをしたものである。

3 変えられるところから変える

◇イメージを発信すること

　学校を変えていくときに、最も変えやすいのはビジュアルな面である。これは変える権限と、変える対象に応じた予算があれば、それほど難しいことではない。そのため、ビジュアル面のリニューアルを中心とした改革が華々しく行われることがあるが、残念ながら一過性に終わってしまっている例もあるようである。これは、ビジュアル面のリニューアルが、意味のないことであるということではない。学校側が主体的に、どのような学校にしたいのかというビジョンを持ち、それに基づいてビジュアル面のリニューアルを行っていないことに原因があると思われる。

　『形から入って心に至る』といわれるように、形を変えるということは、明確なビジョンに基づいて行われる場合には、大変有用な手法であると考えている。私が、新島学園短期大学の目指すべきイメージとして考えているのは、前にも書いた通り「上品でお洒落で真摯な学生が学ぶ短大」というものである。何とか間に合ったオープンキャンパスのポスターも、この方向性でデザインをしてもらった。

　オープンキャンパスのポスターの次に着手したのが名刺である。ポスターは高校内に貼られるものなので、高校生に対してのイメージ戦略となるが、自学の教職員の目に触れることはほとんどない。イメージ戦略を成功させるためには、仕掛ける学校側の教職員の意識の一体感が必要となる。そのために、教職員が日常的に使用する名刺の変更に取り掛かったのである。

　その結果、完成したのは次のような名刺である。

（表面）　　　　　　　（裏面）

　短大の校舎の中では一番新しい建物を、短大を象徴するモチーフとして用いたものである。これが、目指している「上品でお洒落で真摯」というイメージを、どの程度、効果的に表現できているかは分からないが、少なくともこれまでの短大名と職名、氏名が単に併記されているモノクロの名刺よりはイメージを発信しているだろうということで、作ったものである。全く個人に選択の余地がないのも、押し付け感が強くなっていけないと思い、表に関しては色の付け方に関して異なる3種類のデザインを用意し、裏面は色と字体は統一するが、記載内容には自由度を持たせるようにした。

　多くの人の意見を聞きながら進めていくという手法もあるが、短大を取り巻く環境を考えると少しでも早い方がいいだろうということで、スピードを優先した。慎重に進める必要のある事柄ももちろんあるが、これまでの学校業界の運営状況を考えると、多少、拙速な面があっても、まずはやってみるということを心がけようと思っている。そうでないと、いつまでも変わらないおそれがあるからで

ある。

◇委員会のあり方について考える

　どの大学、短大でも、様々な名称の委員会という組織が設置されていると思う。一般的なものとしては、教務委員会や学生委員会、就職委員会といったものが挙げられるであろう。この委員会というもののあり方を戦略的なものにするため、この委員会は何のために設置されているのかという目的を明確にし、その目的を果たすために有用な目標を定め、目標の達成状況が測定できる評価指標を設定することを考えた。

　これまでの委員会は、どこでもそうであったと思うが、決められた業務をつつがなく処理するということを中心に運営されていたので、自分たちの活動がどの程度、大学の運営に役立っているのかということや、今年度の活動が昨年度と比べてよくなっているのかどうかということが分からない状況のまま活動してきたと思われる。

　これでは必要な改善事項を見出すこともできないし、行っている活動の是非も把握できないことになってしまう。そのため、私が考えていることのイメージとしての表を示して、各委員会に目標等の明確化をお願いしたのである。そして念のため、これを担当者の評価に用いることはないということと、状況が許すならば、目標を達成できた委員会にはご褒美を出したいという気持ちも伝えた。

委員会名	目　的	目　標	評価指標
入試委員会	意欲高い受験者、入学者の確保	資料請求者数○％増 OC参加者数○％増 受験者数○％増	資料請求者数、 OC参加者数、受験者数 １年次の退学率
就職委員会	豊かで確かな就職実績を上げる	内定率○％ 第一希望内定率○％ 就職希望率○％	内定率 第一希望内定率 ３年以内の離職率 採用企業の満足度

第2章　学長に就任して感じたこと　**23**

◇結果を明らかにするということ

　委員会活動を考えたときにも感じたことであるが、大学の改善すべき点として、結果を明らかにしないということが挙げられる。計画を策定し、その活動期間が一区切り終わった段階で、どこまでできたかをあまり明確にしないところが多いように感じている。

　これは明確にすると責任問題が生じるから、ということでもないようである。恵まれた環境下にあったため、結果を明確にする必要性もなかったということも事情としてはあるだろうが、そもそも計画自体が進捗状況を計測するという観点でつくられていないということによるのではないだろうか。

　例えば、海外研修というプログラムがつくられ、実施された場合、無事行ってきましたということですべて終了ということになりがちである。そもそも、この海外研修プログラムがどのような目的で計画されたものであり、目標としてはこのような数値、状態になることを目指していて、その目標がどの程度達成されたかについては、このような評価指標を用いるということがあらかじめ定められているというケースは少ないと思われる。

　これからの大学を取り巻く環境が、どのようになっていくのかということを明確に予測することは困難である。しかし、厳しい環境に行くことだけは間違いないことである。その中で存続していく大学となるためには、学生にとって有用な価値を確実に与えられる大学になるということが不可欠である。そしてそのためには、大学の歩みに関しての点検・改善のサイクルを回していくことが必要となる。計画した活動が終了した段階でどの程度できたかについて点検し、できなかった理由を見出し、次の計画策定に生かしていくことで、前年度よりも優れた成果を上げていくというサイクルである。

　今の歩みが間違っていないかどうかを教えてくれるのは、学生に有用な価値を与えることができているかどうかという基準だけである。結果という足元を見つめて、歩みを修正していくことが、霧の

中の航海では大切になる。この確認ができていない歩みは、もはや航海ではなく漂流である。

 第2章「学長に就任して感じたこと」 ここがPoint

○動けば状況は変わるということを教職員に実感してもらうこと。
○学生満足の向上とともに、教職員の満足と、充実感の向上に努めること。
○持ってもらいたいイメージを決め、それに合った情報等を積極的に発信すること。
○活動結果を明確にし、評価し、改善につなげること。

第3章｜基本戦略の策定と展開

1　私の基本戦略

◆状況に応じた戦略の選択

　一般的に戦略というと、中長期計画のような、3年ないし5年程度の期間を想定したものがイメージされやすい。そしてコンサルティング活動においては、そのような計画を作成する要領を伝えること、もしくは作成のお手伝いをすること、そしてそれを実施する際に必要とされる仕組みづくり等を説明するということで事足りていた。というよりも、私自身が常時いるわけではないので、それ以上にはなかなか踏み込めないというところが実情でもあった。

　それが実際の現場の指揮官という立場になると、そうはいかない。毎日動いている現場の中で、このような計画でいきます、そしてこれを実際の活動として展開していくときに必要なことはこのようなことです、といった具合に、抽象的に計画の全貌を教職員に提示してみても、観念的には理解はできても、具体的なイメージを持つことができず、聞いただけに終わってしまうという恐れは十分にある。なぜならば、実際の業務と関連付けて戦略の必要性と有用性が示されないからである。せっかく作った中長期計画が、なかなか実行に移されないまま、いつしかその存在さえ忘れ去られてしまうといった状況になるのも、同じ理由といえる。

　これは、決して基本的な戦略は役に立たないということではない。基本的な戦略を持ちつつ、実際の状況に応じて必要かつ有用な戦略を選択し、それを実行することで、どのような成果が期待できるのかといったことを実感してもらうことが、基本戦略の重要性を知ってもらうためには大切なことであるし、またそうでない限り、なかなか本当の理解は得られないと思う。

◇七つの視点

　私の持っている基本戦略は次のようなものである。まずは、その学校を取り巻く状況を教職員が、きちんと認識するということである。

　一つ目は受験生、学生といった顧客に関する認識である。

　二つ目は顧客の存在している、進学市場や就職市場に関しての認識である。

　三つ目は、自校とマーケットを争っている競合校に関しての認識である。

　そして四つ目は、自校の状況に関しての認識である。

　この四つの認識についても、アンケートなどの認識方法を形式的に実践するということだけでなく、日々の業務の状況に応じた形での実践が必要であり、それが効果的な認識へとつながっていくものとなるのである。

　次に必要となるのが、有用な戦略を策定し、それを展開できるような組織とするための仕組みづくりである。その視点として、以下の七つが必要となる。

① 組織風土づくりである。組織は気を付けていないと、いつの間にかバラバラになりやすい。そうならないためには、目指すところを共有し、同じ認識を共有することが求められる。このため、機会あるごとに目指すところを確認し、大学を取り巻く状況について、常に認識できるようにしておくことが必要となる。また、大学の場合、スピード感や積極性が不足しているので、自由闊達な意見交換の中で戦略を考え、それをとりあえず実行してみるという風土づくりも重要となる。

② 教職員の能力開発である。高い成果を生み出していく源は教職員なので、教職員が成長でき、充実感を持って働ける場づくりが大切となる。

③ 計画から実行までのプロセスづくりである。現状の戦略の策定から実行までのプロセスを改めて見直し、効果的で効率的な

第3章　基本戦略の策定と展開　**27**

ものになっているかを不断に点検することである。そうしない
と、一度決めた流れの中で業務が処理されていってしまい、成
果につながりにくくなる恐れがあるからである。

④　顧客と市場の理解の仕組みづくりである。誰が、どのような
ときに、どのような方法で顧客や市場の理解を図るのかを、あ
らかじめ決めておくということである。これをきちんと決めて
実行し、不十分なところを改善していくというサイクルを回し
ていくことができれば、顧客と市場に関しての、適切な状況把
握が可能となるからである。

⑤　情報マネジメントである。大学では、近年IRといったこと
が注目され、学生に関する情報の収集・管理等が熱心に行われ
るようになってきているが、十分には活用されていないという
話も聞く。必要な情報は何なのか、何のために集めているのか
といったことを明確にし、それを目的に合わせて分析し、共有
し、活用することができるような体制づくりが必要となる。

⑥　結果を明確にするということである。大学の不十分なところ
の一つは、結果を明確にしないということではないだろうか。
活動の結果をきちんと把握できないと、次に述べる振り返りも
できないことになるし、大学の活動が良い方向に向かっている
のか、そうでないのかの判断もできないことになってしまうか
らである。前に書いた、委員会の目標と活動の評価指標を明確
にするといったことも、この基本戦略から出てきているもので
ある。

⑦　振り返りと学習である。結果を明確にし、活動の評価指標に
基づいて結果を評価し、改善を図り、課題を解決していく方法
を考え、次の計画策定に生かしていくことが重要である。この
振り返りと学習を行っていくことが、仕組みを常に適正なもの
として維持していくためには不可欠となる。

◈音楽セミナーの開催

　短期大学を取り巻く環境は、外から見て考えていたものよりも厳しいというのが実感である。日本私立学校振興・共済事業団が8月に発表した2015年度の志願者動向によれば、定員未充足の短大の比率は減少しているが、厳しい短大の市場からの撤退や、入学定員を減らしての未充足校の減少という面が大きいのではないかとか考えたくなる状況である。

　新島学園短期大学が開設している幼児教育の分野に関しても、県内ではしばらくの間、追い風の環境が続いていたが、ここにきて、その風向きも怪しくなってきているようである。オープンキャンパスの参加状況を見ても、決して悪い状況ではないが、これまでのような勢いは感じられない状況となっている。

　このような状況に対しての対策としては重要なことは、顧客のニーズや課題に関して、いかにして適切に対応していくかということである。そしてその前提として、顧客がどのようなニーズや課題を持っているかを認識することが求められる。この点について何人かの教職員の意見を聞いたところ、幼児教育分野を希望している高校生の何割かは、自分のピアノのスキルに関して不安を持っているのではないかということが出てきた。

　この不安に対しての対応として考えたのが、幼児教育分野におけるピアノに関しての講習会を開催するということであった。本学志望者に限らず、幼児教育分野を将来の進路として考えている高校生全般を対象として、夏休み中に音楽セミナーを開催することにした。急な思い付きであったが、幸いにして、専任、兼任の音楽担当教員の都合の調整もつき、無料の体験セミナーを2回と、有料の2日間集中プログラムが計画され、高等学校等への案内も開始することができた。成果のほどはこれからであるが、これが最初のところで述べた、顧客認識の重要性という基本戦略を状況に対応した形で選択し、それに基づいた活動の展開としての具体例といえよう。

第3章　基本戦略の策定と展開　**29**

これで何がしかの成果が得られたならば、顧客認識の重要性を教職員は実感できるのである。

2　皆を巻き込んで

◆学長の仕事は

　企業関係者の方たちと話をしていると、いろいろな社長観が出てくる。率先垂範型がいいとか、現場を理解し、現場の意見を汲み上げていくスタイルがいいとか、普段、あまり会社にいない方が望ましいなど、本当に様々である。でもその中で、共通な要素として挙げられるのは、内部管理だけ、あるいは作業だけをしている社長では困るということである。自分たちが、どこに向けて活動していくのかという、行く先だけは明確に示してほしいということである。

　学長がなすべきこととしては、もちろんいろいろなことが考えられるが、最も基本的なことは、企業の場合と同じで、どのような学校にしていくべきかを明らかにすることであると思う。これがないと、教職員の努力の方向性が確定しないからである。このことについて、私は「卒業後の進路を確かで、豊かなものにする」としたことは既に述べたとおりである。

　目指すべき姿を明らかにした後は、目指すべき姿を教職員に共有してもらうことが必要となる。そうでないと、形式的な心地よいスローガンで終わってしまう恐れがあるからである。共有を図る方法として最も望ましいのは、皆で一緒に目指すべき姿を描いていくというものであろう。人間誰しも、自らが関わらなかったことについては、どんなに良いものであっても、なかなか自分のこととして受け入れることができないからである。

　しかし、短期大学の置かれている状況を考えると、あまり時間をかけることもできない。そこで今回は、誰もが重要な要素と捉えていると思われる、出口の確保を中心にして目指すべき姿を描いたのである。そして、この目指すべき姿の妥当性について了解してもら

30

うために、機会あるごとに学生や保護者のニーズがこの点にあることや、出口の状況が良好な大学は募集も良好であることなどを説明していった。

　ただし、このような説明だけであると、理解はできても本当の意味での共有は難しい。そのためには、やはり一人ひとりの教職員に、目指すべき姿について考えてもらい、自分なりの意見を言ってもらうなど、関わってもらうことが必要である。そこで、夏休み中の、教授会等の会議が開かれる日程に合わせて教職員合同の研修会を企画し、そこで、これからこの短期大学はどのような方向に進んでいったらいいのかを、話し合ってもらうことにした。

◇**対話の力**

　教職員合同の研修会というのは初めてのことで、しかも自由に皆で話す機会というものもあまりなかったということもあり、いくつかのグループに分かれてテーマについて話し合ってもらったが、最初はどのような話をしていったらいいのかに関して戸惑いがあったようである。しかし、少し時間が経過した頃に各グループの様子を見に行ってみると、かなり白熱した話し合いが展開されていて、安心したと同時に、どんなことが出てくるのか、ちょっと心配にもなるほどであった。

　最後に全体会を持ち、各グループの話し合いの結果を発表してもらったが、その内容は私が示した目指すべき姿の実現のために必要とされる多くの事柄が含まれているし、私自身の今後の活動の指針となるようなものもたくさん出されていた。また、これまでの経緯や現状を熟知している現場からならではの有用な提案等もあり、この研修会を実施してよかったと、心から思った次第である。

　ワールドカフェという方式の話し合いを、かつて体験したことがあった。数人のグループに分かれ、与えられたテーマについて各人が意見を述べ合い、ある程度の時間が経過したところで、一人を残して他の人はそれぞれ別のグループに移動し、移動しないで残った

一人が、これまでそこで行われた話し合いの概要を説明し、それを基にして新しいメンバーで話し合いを続けるというものである。

　最初のうちは議論もまとまらず、解決策の糸口も見えないような状態であったのが、何回かこの移動を繰り返し、議論を続けていると、不思議なことに解決策がまとまってくるのである。この時は驚くとともに、対話の力を実感した。いろいろな考えを持つ人たちと数多く話していくことで、与えられたテーマに対してあらゆる方向からの光が当たり、課題と改善策が明るみに出てくるという感じであった。

　私としては、教職員との対話の中で大学経営を実践していきたいという希望があったので、このような話し合いを継続して行っていくことを望んでいたが、幸いにして教職員の方たちも、これ一回で終わらせてしまってはもったいないという思いを持ってくれたようで、今後、継続して定期的に話し合いの場を設定することとなった。

◇意見を形にしていく仕組み

　初めての研修会でありながら、数多くの貴重な提案が出てきたということは、予想以上の成果であったといえる。次に課題となるのは、それらの意見をどのようにして実現させていくかということである。私自身もかつて経験したことであるが、大学ではいろいろと有用な意見は出てくるが、それだけで終わってしまい、実現に至らないというケースも少なくないようである。当然ながら、このような事態が続くと、話し合っても仕方ないということになり、話し合い自体もだんだんと消えていってしまうことになる。このようなことだけは、絶対避けなければならないと考えた。

　意見を形にしていくための手順を考えてみた。まずは中味を明確にすることが必要となる。そのためには、出された意見や提案を整理することが必要となる。その次は、それらに優先順位を付けることが必要となる。限られたマンパワーであるので、緊急性の高いもの、重要性の高いものに限定しなければならないからである。ただ

し、費用もあまりかからず、しかも簡単に実行できるものであれば、緊急性や重要性に関わらず実行すべきである。やらないよりは、やった方がいいことであるならば、必ずいい方向に進むからである。

　また、意見や提案を行動に結びつけていくためには、なすべき事柄の内容が具体的であることも必要な要素となる。内容が抽象的だと、どんな行動を起こしていいかが明確にならないからである。したがって、研修会で出された意見や提案の内容を具体的にしていくという作業、すなわち意見や提案を形にするためにはどのような行動が必要となるのか、費用はどの程度掛かるのか、また掛けられるのかといったことなどを明らかにすることが必要になってくる。

　そして最後は、誰が、あるいはどの部門が、その行動を担当するのかを決めることが必要となる。ここが一番難しいところである。考えられるのは、一つはプロジェクトチームをつくるというやり方である。有志を募って実行部隊を編成することで、意欲的な活動が期待されるということもある。問題は、既にプロジェクトチームを四つ立ち上げていることもあり、負担増になるのではないかということである。

　負担を偏らせないということでいえば、私の方でなすべき事柄の内容に応じて実行担当者を決め、そこに割り振っていくということも考えられるが、ほとんどが新しい業務になるので、実際問題として、簡単に割り振るということは難しそうである。難しい問題ではあるが、ここが克服できれば、この短大を動かす仕組みが見えてくる。もう一頑張りである。

3　四つの基本認識

◇顧客を認識する

　私の基本戦略の内容に関しては前に簡単に触れたが、その基本戦略を実際の活動の中でどのように展開していけるのかが問題とな

る。まずは、基本戦略の中身でもあるが、戦略策定の前提ともなる、自学を取り巻く状況をきちんと認識するということから考えていきたい。

　大学は、これまで非常に恵まれた環境が長い間続いていたため、周りの状況や学生の状況といったことをあまり考えずに、大学のやりやすい形で、大学がいいだろうと考える活動を行ってきたといえる。私が以前、所属していた学校法人が新しい大学を創るときも、このような大学、学部を創れば、世間の注目を集め、教育内容にふさわしい優秀な入学者が数多く得られるはずであるということを、会議体の誰もが疑わなかったという状況であった（もちろんそのように都合よくことは運ばず、開学二年目から定員割れとなってしまったのであるが）。

　状況が変わり、18歳人口が減少すると共に受験生が大学を選ぶという時代になってくると、選ばれる大学とならなければ存続が困難になるので、受験生のニーズ等に対応した大学づくりが不可欠となるはずである。ところが実情は、まだまだ取り巻く状況をきちんと認識しようという姿勢は不十分のように思われる。その結果、環境の変化に対しての対応も、不十分な状況になってしまっているといえる。大学がガラパゴス化していると言われる所以である。

　大学が選ばれる側になるという競争環境になってくると、必要とされることは受験生、入学者といった顧客に、いかに多くの価値を与えることができるかどうかということになる。与える価値が他の大学と比べて重要なものであり、分量も多いということになれば、当然ながら、その大学が選ばれる確率は高くなることになる。そして重要な価値を与えるための前提として、何が重要な価値なのか、すなわち学生がどのような状況にあり、どのようなことを求めているのか、どのような課題を持っているのかということを認識することが必要となる。このことをきちんと認識できているかどうかが、その大学の戦略の適切さ、成功の確率といったことを左右すること

になるのである。

　コンサルタントとしてクライアントの大学の学生を認識する際は、学生インタビューという手法を活用していたが、学長が改まって学生にインタビューするというのも、学生にとっても答えにくいという面があるかと思い、授業中やオープンキャンパスの時などを利用して、学生にいろいろな話を聞くことに努めた。また、「ロジカルシンキング」という授業を担当したので、その時間の中で、顧客が商品を買うプロセスを考えるというテーマを設定し、その一つの例として、各人がどのようなプロセスを経てこの短大に入学したかということを話してもらった。

　このような活動は、私の、学生の状況認識にもちろん役立ったことではあるが、こちらが聞きたい点について深く聞くことができないといった難点もあったので、後期は時間を確保して、個別の学生インタビューも実施したいと考えている。

◇**市場、競合を認識する**

　顧客認識の次は、高校生や大学生を取り巻く市場の認識や、競合の認識である。ここでまず問題となるのが、これからの短期大学市場をどう考えるかということである。

　前にも書いたが、1990年代前半までは、短期大学は女子の高校卒業後の進学先として圧倒的な人気を誇っていた。それが、求人ニーズの変化と、それに伴う女子の高学歴化といった事情により、現状、女子の短期大学進学率はピーク時の３分の１程度まで低下してきている。このような状況なので、新しく短期大学を開学するというケースは、ほぼ無いと思われる。撤退するケースはあっても新規参入はないという市場は、今後は争う相手が増えていかないという意味では、恵まれているといえる。そうなると問題は、短期大学市場自体の人気がどうなっていくかにかかっていることになる。

　なぜ短期大学を進学先として選ぶかといえば、経済的理由や資格が取れれば十分などの理由から、４年間でなく２年間の就学期間を

第３章　基本戦略の策定と展開　**35**

選択したというケースが多いとのアンケート結果も出ているが、そうであるならば、そのような状況が続く限り、需要はあるといえる。また、2年間の就業期間が理由で選ばれているということであれば、主要な競合先としては専門学校が挙げられることになり、そことの関係で優位に立てるならば、短期大学の存続は当分の間は大丈夫ということになりそうである。

そこで専門学校の状況を見てみると、学生数をピーク時と比較してみても、1割も減っていないというように、募集状況は極めて堅調に推移している。在学生を男女比で見てみると、男子4割強、女子が6割弱という比率になっている。一方、短期大学の学生の男女比を見てみると、男子比率はわずか1割となっている。

近年は短期大学の多くが共学となり、男子高校生もターゲットとするようになってきているが、短大関係者の意識の中に男子の確保は難しいという観念があるためであろうか、男子に対してのアプローチは不十分であるように思われる。例えば、調理や製菓といった分野を見てみても、専門学校の場合は多くの男子を集めているのに対して、短期大学では、ほとんどが女子というケースが多いように思われる。

出口である就職先の確保と併せて、このあたりがこれからの短期大学の生き残り戦略における、一つの重要なテーマになるのではないかと感じている。

◆自学を認識する

自分の学校を認識することであるから、最も認識しやすい事柄のようにも思えるが、学生が就職活動において「自己分析」に苦戦するのと同じく、実際にはなかなか難しいことといえる。一般的なやり方として、SWOT分析といったフレームワークが活用されることが多い。

SWOT分析をすることで、教職員の内部認識や、取り巻く環境の認識が統一され、共有されることになるので、有用な手法である

内部環境	強み（Strengths）	弱み（Weaknesses）
外部環境	機会（Opportunities）	脅威（Threats）

ことは間違いない。ただ難点は、その大学の教職員の認識の枠内にとどまってしまうということである。これを補い、より正確な自学認識としていくためには、外部の評価も併せて取り入れることが必要となる。例えば、高等学校の教員とか在学している学生の意見、評価といったことである。

　ある大学で、募集状況が悪化し、困難な状態に陥った際に、回復戦略を考えるための材料として高校の先生たちを集めて、「本学のどこが問題なのかを教えてほしい」と、率直な意見を求めたという話を聞いたことがある。このような方法は、極めて勇気のいることではあるが、自学の状況を認識するためには大変有用な方法であるといえる。そのような真摯な姿勢が回復を成し遂げ、現在は堅調な経営状況になっているようである。

　本学でも、学生にアンケートを取った結果として、知名度が低いとか、イメージがはっきりしていないなどの状況が明確となり、それに対しての対策を考え、実行することができた。当然のことであるが、自学を取り巻く状況や自学の現状をきちんと理解することなしに、効果的な戦略は立てようがないといえる。顧客・市場・競合・自学、この四つの認識が基本戦略のベースである。

4　目指すべき姿は

◇改めて目指すべき姿を考える

　私が学長に就任してから考えた目指すべき姿は、前にも述べたと

第3章　基本戦略の策定と展開　**37**

おり、「卒業後の進路が確かで、豊かな短期大学」というものである。これが、現在の社会の状況を見た場合に、顧客である学生や保護者のニーズに最も合致するものであると考えたからである。そして、この卒業後の進路を確保するということが重要であるということは、ほとんど、あるいは全ての短期大学でも認識していることであろうから、他の短期大学と差別化が図れる程度の状態にするということが、目指すべき姿ということになる。

　もちろん入学の時点で、意欲も学力も高い学生が数多く得られるならば、それほど苦労をしなくても、優れた成果を挙げることができるだろうが、人文・社会系の私立の短期大学でそれを望むことは、現状では極めて難しいといえる。そうなると、当たり前のことであるが、2年間での教育・支援が問題となってくる。

　どのような教育・支援が、目指すべき姿の実現に役立っているのか、反対に、あまり役立っていない教育・支援にはどのようなものがあるのかということをきちんと判別し、不要なもの、効果の少ないものは削減し、効果の高いものはますます充実させていく必要がある。また、これまで行っていないが効果の期待できるものについては、新たに実施していくことも必要となってくる。

　このような観点から、現状の教育・支援を考えてみた。もちろん私の認識自体が十分なものではないが、それでもやらないよりは、やった方が何かいい方策が見つかる可能性は当然ながら高まることになるからである。

　まず、どのような人材であれば企業等が受け入れたくなるかということを考えてみた。言い換えるならば、一緒に働きたいと感じられる人とは、どのような人であろうかということになる。仕事を一緒にするということを考えると、やはり最低限、読み、書き、計算するといった基礎学力は必要となる。お客様と接するということもあるから、社会人としてのマナー、常識といったことも必要となるであろう。そして、自分より経験豊かな方と話す機会も多くなるで

あろうことを考えると、教養といったものも求められることになるであろう。また、一緒の時間を職場でともに過ごすという観点からは、気遣いができる、他者の気持ちがわかる、共感性が高い、といった要素も求められることになるであろう。

　これらの要素を、我が短期大学の現状の教育・支援と比較して考えてみた。読み、書き、計算するといった基礎学力に関しては、十分といえるかは分からないが、日本語、英語、数学、情報処理の四つの分野を必修としているので、ある程度の対応はできているといえる。社会人のマナーや常識という点に関しては、就職支援の一環としてマナー講習を実施している程度なので、もう少し強化していく必要があると思われる。そして、社会人としての常識ということに関しては、現状、全く対応が行われていない。

　私が担当している授業の中で、一般常識と思われる事柄について解説する時間を設けてみたが、「知らないことが多く勉強になった」、「社会で役に立ちそうだ」など、学生には高評価であった。常識という言葉の意味を辞書で調べてみると、「一般の社会人が共通に持つ、また持つべき普通の知識・意見や判断力」とある。社会人が持つべき普通の、当たり前の知識であるなら、社会人になる前に、どこかのプロセスでそれを教えるべきであるが、それが残念ながら現状では行われていないのである。ここを補っていくことが急務である。

　教養に関しては、キャリアデザイン学科という幅広い範囲を学ぶ学科を擁しているので、教養を身に付けやすい環境であるといえる。ただし、多くは自由履修となっているので、社会人として必要とされる教養について大学側で定義をし、それらをきちんと身に付けられるようなカリキュラムを考える必要はあろう。読書といった手段も教養を身に付けるには有用なものなので、読書の勧めといったことも、学生の興味を引くような形で展開していく必要があると思われる。

第3章　基本戦略の策定と展開　**39**

次に、気遣いのできる、他者の気持ちがわかる、共感性が高いといった要素をいかにして涵養していくかであるが、幸いにして本学はキリスト教に基づく教育を行っていて、週に一度、チャペルアワーという時間が設けられている。そこで聖書に基づく人間愛に関する話や、社会的弱者のために活躍している人などの話を聞くといった時間があるので、他の学校に比べたら、他者へのかかわり方を考える機会は多く、社会人として必要な情操面の要素の涵養といった機能を果たしていると思われる。ここは、さらに充実していきたい点である。

　これらのことを、次年度のカリキュラム等の中で展開していくことが私の果たすべき役割であり、そのことによって目指すべき姿に一歩ずつ近づいていけるものと確信している。

◎ブルー・オーシャンはあるのか

　目指すべき姿と関連したものであるが、どのような市場で目指すべき姿を実現していくのかということも重要な問題である。大学業界で考えるならば、一般的には18歳が対象となるので、高校卒業予定者といった市場が対象となる。この市場の規模がだんだんと縮小してきたのに対して、大学は減っていないということが、現状の厳しい競争環境を生み出してきているわけである。

　チャン・キムとレネ・モボルニュという、二人の経営学者によって書かれた「ブルー・オーシャン戦略」という本がある。熾烈な競争が繰り広げられているレッド・オーシャンでの勝利を目指すのではなく、波の静かなブルー・オーシャンを見出し、切り拓いていくことが重要であることを説いたものである。これまでの経営戦略が、レッド・オーシャンにおいて、いかにして勝ち残っていくかということをテーマとしてきたのに対して、競争のない市場を見出し、開拓するという、全く新しい視点からの戦略といえる。

　本の中で、シルク・ドゥ・ソレイユという、従来の区分からいえばサーカスという業界に位置付けられるパフォーマンス集団の事例

が取り上げられていた。子どもの娯楽ツールの増加により、人気の低下するサーカス業界において、これまで顧客として考えられていなかった大人や法人といった新しい顧客層を得ることに成功したシルク・ドゥ・ソレイユは、大成功をおさめたのであった。すなわち、新しい市場を見出すことで、ブルー・オーシャンを開拓することに成功したのである。

　大学業界でも競争が激化し、次第にレッド・オーシャンの様相を呈してきている。このような中でブルー・オーシャンとして考えたものが、新しい市場としての外国人留学生や社会人といった層であった。しかし、それは残念ながら成功したとはいえない状況となっている。

　私がかつて在籍していた大学でも、定員割れからの回復策の一つとして外国人留学生の増加を図ったことがあった。結果は、勉学以外の目的での入学者への対応や、就職の困難さといった課題が多くあり、新しい市場とすることはできなかった。社会人についても、学費の軽減措置等を講じて入学を勧誘したのであるが、わずかな入学者を得たにとどまった。

　このような大学業界において、中でも厳しい短大業界としてのブルー・オーシャンを見出すことはできるのだろうか。

5　新しい顧客は

◇引き続き短大のブルー・オーシャンを考える

　新しい顧客層を発掘することで、まだ競争のない静かな青い海を見出すブルー・オーシャン戦略について述べたが、短期大学がこのブルー・オーシャンを見出すことは可能なのであろうか。

　ブルー・オーシャンを見出すためには、新しい顧客層を見出すことが必要となる。社会人や外国人留学生を新しい顧客とすることの困難さについては触れたが、幼児教育や栄養といった、職業に必要な資格が取得できる分野に関しては、ニーズもあるので、社会人は

まだまだ開拓の余地はある顧客層と思われる。ある短期大学で、幼児教育分野の社会人学生のインタビューを行ったことがあるが、非常に意欲的であり、一学生というよりは大学側の視点に立って、他の一般学生を指導するという機能も担っているということを強く感じたことがあった。ある程度の学費減免といった措置は必要になるであろうが、展開次第では、あまり広くはないだろうがブルー・オーシャンとなる可能性はありそうである。

　もう一つ、短大の新しい顧客として考えられるのは、男子学生である。短大と専門学校は、高校卒業後に進学する二年制の教育機関という点では共通であるにもかかわらず、専門学校の場合は4割強の男子生徒が在学しているのに対して、短大の場合はわずか1割にとどまっている。この点に関して、ある高校の先生に尋ねてみたところ、開設している分野の問題ではないかといっていた。ところが、専門学校の分野別入学者数を2014年度の学校基本調査で見てみると、最も多いのは医療分野で、その次は栄養などの衛生分野となっていて、男子の方が多いと思われるのは自動車整備や土木といった、ごく限られた分野となっている。

　専門学校と短大の男子比率の違いが開設分野によるものでないとすれば、他に原因として考えられるのは学校のイメージということである。短期大学は、そのほとんどが女子のみを対象としていたという時代が長かったため、短期大学イコール女子の学校であり、男子の進学先の選択肢には入りにくいというイメージがあるのではないだろうか。そうだとしたら、このイメージを払しょくすることで、新しい顧客層を開拓することができることになりそうである。

　しかし、イメージというものは、長い時間をかけてつくられてきたものであるため、これを変えるということは簡単にはいかないことである。そのためには、短期大学にも男子学生がある程度の数、在学しているということと、短期大学での2年間の学びは男子学生にとっても有用なものであることを明確に伝えていくという活動を

根気強く続けていくことが必要となる。

◇出口はどうなるのか

　短期大学のイメージを変えることで男子学生の募集がある程度成功したとしても、肝心な出口である卒業後の就職が難しいということでは、募集サイクルを継続していくことも難しくなる。もしも採用する企業側が、男子の短期大学卒業者に対して、あまりいいイメージを持っていない（男子で短大に行くとは珍しい、イコール変わっているというような）とするならば、出口は大変厳しいものになってしまう。

　この点に関しては、いくら一人で考えていても答えは出てこないので、知り合いの経営者、何人かに直接に尋ねてみた。具体的には自動車のディーラー、自動車部品の販売会社、シティーホテルの３社で、いずれも名前はよく知られているところであり、専門学校、短期大学、四年制大学から継続して採用実績のある企業である。

　返ってきた答えは、いずれも短大卒ということに関して特別の違和感はないし、マイナスのイメージも持っていない、すなわち有利にも不利にもならないということであった。話を聞いていて感じたことは、学校業界では短大といえば女子というイメージが非常に強いが、産業界においては、それほどではないということであった。そうであるならば、この点に関しても専門学校と比べて不利な状況はないということになる。

◇短期大学としての優位性は

　専門学校と比べて、学ぶ分野による違いはそれほど大きくなく、就職市場での評価も異ならないということになれば、あとは、専門学校卒業者とは違う面での人材の有用性を明確にし、そのような人材を育成していけるようになること、そしてそれを受験生や産業界に対して効果的にアピールしていくことが課題となってくる。

　この点に関して、短期大学業界は専門学校に大きな遅れを取っていると思う。短期大学が四年制大学のミニ版といったイメージしか

第３章　基本戦略の策定と展開　**43**

発信できなかったのに対して、専門学校は実践的な学びと資格取得、そしてその結果として就職に強いといったイメージを強力にアピールしてきた。その努力の甲斐あって、18歳人口減少期の影響をまともに受けて、入学者の減少が真っ先に始まるといわれた、専門学校業界に関しての予測を覆す状況をつくりだしたのである。そして、逆にまだ少し安泰といわれていた短期大学の方が、明確な人材育成のイメージを打ち出せなかったことにより、18歳人口減少の影響をまともに受けたという事態になったわけである。

このような状況を踏まえて考えるならば、専門学校とも四年制大学とも違う、短期大学ならではの人材育成の特色を打ち出していくことが、短期大学が存続していくためには不可欠なこととなる。厳しい言い方をするならば、ここがきちんとできた短期大学のみが、その存在が許されることになるといえる。そしてここがきちんと明確になるならば、新しい顧客としての男子学生の募集に関しての軸というものも出てくることになるのである。どの組織でも同じであるが、他の組織と差別化できる独自の価値を与えることができるということが、選ばれ、残るためには必要な要素となるのである。

では、短期大学の優位性、独自性をどこに求めたらいいのであろうか。専門学校との対比で考えるならば、それは教養分野の学びがあるということになる。この学びの有用性、特に就職時やその後の社会生活で、教養がいかに大切なものなのかということを実証していくことが、短期大学の優位性、独自性のアピールには求められることになる。

そして四年制大学との対比で考えると、一番分かりやすい違いは学ぶ期間が半分なので学費も半分で済むということになる。しかし、それだけでは消極的な優位性にとどまってしまうし、これまで持たれてきた四年制大学のミニ版というイメージと同じことになってしまうので、2年間の学びでも社会で役立つ力を、きちんと身に付けることができるということをアピールする必要がある。すなわ

ち、四年制大学と比べて余裕の少ない学生生活ではあるが、濃い学びの学生生活を送ることで、効率よく実力が養成されるということを実証していくことが必要となる。

いずれのアピールも、実証していくということが求められるので簡単にできることではないし、一つ、二つの事柄を示すだけで実証できるというような単純なことでもない。そのためには、卒業生の声などを用いて短大での学びがどのような点で有用であったか、逆に不十分であったかということや、就職先の企業が短大卒業生に期待する素養といったものを明らかにし、それに対応した活動を実践していくことが必要となる。大変ではあるが、そのことを意識することから始めなければならない。

6 半年を振り返って

◇就任して半年が過ぎて

早いもので、学長に就任して半年が経過した。基本戦略の策定と展開という観点から、これまでしてきたことを振り返って、残りの半年の活動を考えていくことが必要である。就任して最初にしたことは、状況の認識である。まず、一番重要な対象である学生の状況を認識するために、アンケートを実施した。そしてその中で出てきた課題について、二つの学科で検討してもらい、対応策を策定してもらった。その策を今年度中に実施して、来年度のアンケートで成果を検証することとした。

次に、職員の方たちと面談を行った。少ない職員で業務を処理しているので、新しいことを考えたり、行ったりということができないという状況であった。また、環境的にも教員と職員の働き方が区分されていて、新しいことを考えたり行ったりするのは自分たちの仕事ではないという意識もあるのかもしれないと思った。

そこで、教職員の連携が促進し、職員の人たちも新しいことに取り組んでいける、いや、取り組んでいかなければならないという意

識を持ってもらうため、教員、職員が協働するプロジェクトチーム
を編成し、9月末には提案を行ってもらった。初めての取り組みで
あったため、非常に控えめな提案も少なくなかったが、実施につな
げるという意味では手頃な提案が多くあったように感じている。

　補助金獲得チームの成果としては、次年度の申請に向けての準備
が始まったことや、日本私立学校振興・共済事業団の方を講師に招
いて、補助金の学びを実施したことなどが挙げられる。施設・設備
チームでは、身近な修繕案件から校舎の建て替えまで、多くの提案
が行われた。その中から、今はほとんど手の入っていない、「元花
壇」の再生活動を自分たちの手で行おうという提案が出され、学生
も巻き込んで花壇の清掃活動が始まった。来春には、花のあふれる
花壇となることを夢見ている。

　地域連携チームからも、様々な提案が出てきた。本格的な活動は
次年度からになるが、教職員が地域との連携ということを意識して
きたことで、学校行事においても、可能なものについては、地域の
方たちへの呼びかけを積極的に行うようになり、これまでに比べて
地域の人たちとの交流は確実に増えてきている。10月の下旬に行わ
れた大学祭においても、地域の方を念頭に置いたバザーが初めて実
施された。

　事務合理化・改善チームにおいても、部門を超えての話し合いが
始まり、旅費支給方法の改善という成果も出てきている。自分の担
当している業務については習熟しているので、これまではあえて部
門を超えての話し合いをするという必要性は感じなかったようであ
るが、違う人たちの意見や視点を知ることで、気づかなかった課題
が浮かび上がってくるということが、改善を生むようになっている
ようである。

　このような、教職員が協働するプロジェクトチームについては、
次年度以降も学長の諮問機関として、場合によっては実際の活動ま
で担う組織として、扱う内容は変えつつも、継続させていきたいと

考えている。

◇イメージを鮮明に発信する組織に

　学長の立場として、個々の学生にインタビューをするのもどうかと思って控えていたのであるが、やはり普段の会話だけでは学生認識に不十分であると感じ、数人の学生に協力してもらってインタビューを実施した。その結果、予想通りといえばそうであるが、やはり知名度が低い、地味である、イメージが弱いということが出てきた。

　私がつくりたいイメージは、前にも書いたとおり「上品で、ちょっとおしゃれで、真摯な学生が学ぶ短大」というものである。学生や教職員にも、機会あるごとにこのメッセージを発信しているのであるが、このイメージを対外的にもつくっていかなければ状況は改善されない。

　そこで、まずは教職員の名刺を変えたわけである。これは、イメージを変えていきたいという、私の教職員に対してのメッセージでもあった。ただし肝心な相手は受験生であるので、パンフレットのデザイン変更にも取り掛かった。これまでは、デザイン面に多少プロの手は入っているが、制作会社制作ではなく、広報を担当している一人の職員が企画から写真撮影までを行うという、文字通り手作りのパンフレットであった。

　これには、二つの意味で非常に驚いた。職員の方が独力で制作するというケースは聞いたことがなかったので、そのことに対しての驚きと、出来栄えが、専門家のつくったものに比べても、それほど遜色がないということに対しての驚きであった。とはいっても、関心のある学校に資料を請求すると送られてきて、その学校の第一印象を形成するというパンフレットの重要性を考えたならば、それを一人の職員に担ってもらうというのは、大学の体制として適切ではないと考えた。そこで、今年度は複数の制作業者にプレゼンテーションをしてもらい、学生も含めた選考委員会で検討し、担当する

第3章　基本戦略の策定と展開　**47**

制作会社を決定した。現在、写真撮影やインタビューなどの制作活動が行われているところである。

同じように、ホームページについても見直しを行った。すっきりしたデザインのホームページであったが、強調したい要素を変えたいということと、教育プログラムやいろいろな活動を豊富に載せていきたいということから、見直しに着手した。予算措置がなかったので、普通ならば来年回しにということになるわけであるが、来年するのであれば早い方が成果も早く得られて経済的であるという変な理屈でお願いし、今年度着手が可能となった。仕上がりは来春以降になりそうであるが、変えられるところから変えていくことが大切である。

◈知名度向上を図る

どんな組織でもそうであるが、中にいると、自分たちの組織の知名度が低いということに気づきにくい。これだけ歴史があるのだからとか、多くの卒業生を輩出しているのであるから、知らないはずはないと思ってしまいがちである。しかし、よく考えてみれば思い出すというのと、すぐに連想されるというのでは大きな違いがある。特に高校生は、そんなにじっくりと、思い出すまで考えてはくれないのである。

私もこの短期大学と関わりを持つようになってからは、新聞を見る時も載っているかなと気にしてはいたのであるが、ほとんど記事にならないという状況であった。これでは知名度が低くなっても仕方ない、というような露出の少なさであった。そこで、少しでも記事になる確率を上げるために、ニュースリリースを職員の方に担当してもらおうとしたのであるが、新しい仕事をこなす余力がなかなかないという状況であったので、以前からの知り合いのつてで地元新聞の記者の方を紹介してもらい、自らニュースリリースを細々と行ったのである。

いつ取材に来てくれるのかを確認したり、いつ掲載されるのかを

確認したりもしたので、相手からはうるさがられていたかもしれないが、月に1回程度は掲載したいという目標を持って行っていった。この活動には、他の教職員の方も協力をしてくれ、これまでのところ目標以上の掲載実績となっている。このほか、専門家集団という大学の資源を活かして、記事にコメントを載せる際の便宜にと、マスコミ向けに『新島学園短期大学コメンテーターズ一覧』といった冊子も作成し、配布した。この成果はまだ出ていないが、小さなことの積み重ねが成果に結びつくものと確信している。

7　ホームページを考える

◇ホームページから基本戦略を考える

イメージを鮮明に発信するためにパンフレットの制作方法を変更したことと、ホームページをリニューアルすることに決めたということを前述したが、いよいよホームページのリニューアルに着手することとなった。ホームページの運用を担当している委員会の席で、私が考えている、つくりたいホームページについて話したところ、成り行きで私自身が構成案を作成するということになってしまった。折角の与えられた機会なので、この際、ホームページを基本戦略という観点から改めて考えてみたいと思う。

文字での説明であるので、何のことを言っているのかが分かるように、最初にホームページの基本構成とパーツの名称を示したいと思う。実際の配置は大学によってアレンジされているので様々であるが、基本的な構成は次ページの図のとおりである。この構成の中に、どのようにして大学の基本戦略を展開していくかが問われることになる。

ホームページはビジュアルであるから、大学側が意識していなくても、見る人にその大学のイメージを発信することになる。学生が元気に活動している写真等が多く載っているホームページであれば、活気ある大学というイメージを発信することになるし、落ち着

第3章　基本戦略の策定と展開　**49**

ヘッダー（大学名が表示されている部分）			
グローバル ナビゲーション			（入学案内、就職支援などの項目 が表示されているメニュー）
アイキャッチ（学生の写真や校舎の写真などが載っている部分）			
コンテンツ （ニュース、トピックス等が載っている部分）			サイドバナー （サイドカラム） 資料請求やオープン キャンパスのバナー等 がある部分
フッター（項目のメニューが表示され、上まで戻らなくても済むようになって いる）			

いた、格調高いデザインのホームページであれば、そのようなイメージを発信することになる。

　そうであるならば、文字通り最初に目が行く「アイキャッチ」のところに、どのような画像を持ってくるかということは、その大学のイメージ戦略に基づいたものでなければならない。ついでに言わせてもらえれば、パンフレットの場合も同じで、表紙の写真を何にするかということは、非常に重要なことなのである。パンフレットの表紙やホームページの「アイキャッチ」の部分に、ただ単に学生が写っている写真が載っているという例もよく見かけるが、特別な意図がなく、よくある例だからということでしているのであれば、イメージ発信の重要な機会を逸する、非常にもったいないことであると思う。

　新島学園短期大学の場合であれば、「上品で、ちょっとおしゃれで、真摯な学生が学ぶ短大」というイメージを発信していきたいので、そのようなイメージに合った人物や施設などの画像を「アイキャッチ」の部分に持っていきたいと考えている。

◆誰を対象としたホームページとするか

　大学のホームページを見る人は、様々である。受験生、保護者、

高校の先生、企業の方、自治体の方、何かのきっかけでその大学に興味を持った一般の方などが、大学のホームページを訪れていると思う。したがって、これらすべての人にとって見やすく、必要な情報にアクセスしやすいということは、大学のホームページに求められる機能である。

　ただし、すべての対象者に対して、等しく見やすく使いやすくするということは現実には不可能なので、主たる対象者を決める必要がある。そしてそれが受験生であるということは、今日、多くの大学で一致した見解であると思う。そうであるならば、「コンテンツ」のトップのところには、その大学が受験生に最もアピールしたいこと、その大学の受験生が最も関心があることを載せるべきであるということになる。

　ところが大学のホームページを見てみると、「コンテンツ」のトップのところに、ニュースやお知らせといったことが載っている大学が非常に多い。「コンテンツ」の一番上の記載が、臨時職員の募集になっている短期大学もあった。大学で臨時的に働きたいと思って、いろいろな大学のホームページを見ていた人にとっては、大変ありがたい配置であるが、主要なターゲットとして想定している受験生にとっては、おそらく無用な「コンテンツ」であると思われる。

　大学以外のホームページの状況も見てみることにする。自動車を販売している会社のホームページでは、おすすめの車や、セダンやミニバンといったタイプ別の車の紹介が「コンテンツ」のトップにある。まさに、その企業が顧客に最もアピールしたいこと、その企業の顧客が最も関心があることを載せているのである。

　大学業界に比較的近い業種である、英会話教室や学習塾はどうであろうか。お試しレッスンの受講をアピールしている英会話教室では、自社のお試しレッスンの特色と有用性が「コンテンツ」のトップでアピールされている。これが予備校になってくると、大学と同じように、お知らせの類が中心となっているところもあり、大学の

第3章　基本戦略の策定と展開　**51**

ホームページに似たものとなっている。顧客を明確に特定し、そこに焦点を絞っているかどうかが、「コンテンツ」の内容を左右しているようである。

◇ホームページの有用性は

どこの大学でも、広報の媒体として各種のパンフレットやホームページを制作し、それを使って自学の良さを受験生にアピールしているわけであるが、それぞれの機能をきちんと意識して制作し、活用しているかというと、不十分な例もみられるようである。パンフレットとほとんど同じ内容しか載っていないホームページや、更新されていないホームページなどは、その例である。

ホームページの特性として挙げられることは、載せられる情報量が極めて多いということと、現時点のもっとも新しい情報を載せていくことができるということ、動画も載せられることなどがある。このような特性を、十分に生かしたホームページとしていくことが重要なこととなる。本学のこれまでのホームページも、品が良い色使いで、すっきりとしてはいるのであるが、中味も少しすっきりし過ぎているというきらいがある。

例えば、キャンパスライフというところを見てみると、年間の行事が、行事の名称だけの紹介であり、写真も各月にそれぞれ1枚が載っているだけとなっている。少なくとも、受験生の関心を引きそうな行事や、入学後の学びの特色を示すような行事については、その内容を、写真を多く使って詳細に説明し、参加した学生の声、すなわち、このような体験をして、それが自分のこのような能力や感性の向上に役立ったというような、使用者の感謝、成長の声を載せる必要があると思う。

詳しすぎると読まれないなどと心配する向きもあるが、読みたい人が読みたいところだけを読んでくれれば、それで充分なのである。問題なのは、詳しく知りたい人が、どこを探しても必要な情報を得られないということである。いろいろな手法を活用して語り尽

くすことが、ホームページの果たすべき役割であると考える。

8　新しいことを行うとは

◇新島襄の言葉から考えたこと

　新島学園短期大学は、新島襄の精神を受け継ぐ学園が設立した短期大学であるため、学長室の書架には、新島襄に関する書籍や写真等が数多く置かれている。その中の一つに、「私たちの学校をもっとも魅力的なものにするためには、ほかの学校に遅れをとらないこと、それどころか、さらに先を行くことが、絶対に必要です。」という、新島襄の言葉が書かれた額がある。

　最初にそれを見た時には、昔の学校業界は、のどかでよかったな、こんなシンプルなことで済んでいて、と思った。そして、今時こんな当たり前のこと言っていても仕方ないので、あえてこの額を飾っておかなくてもいいのではないかとも考えた。しかし、毎日目にしているうちに、改めてこの言葉を考えてみた。すると、ほかの学校より先にできていることが果たしてどれだけあるのか、そもそもあるのかといったことについては、はなはだ心もとない気になってきたのである。

　今、様々な活動を大学として行っているが、そのほとんどは、どこかの大学でやっていることを参考にして、もしくは同じことをしているに過ぎない。それでも、もちろんやらないよりはいいのであるが、「さらに先を行く」ためには、それだけでは駄目で、新しいこともしていかなければならないのである。

　では、行うべき新しいことを、どのようにして見つけていったらいいのであろうか。業務に関する活動は、PDCAサイクルを回していくことで適切にマネジメントできるが、新しいアイディア等は、そこからは出てこない。新しいことを思いつくことを創発とも言うが、創発を生むためには、一つには創発が起こりやすい環境をつくることが必要となる。その参考として、自由な社風の代表とされる

第3章　基本戦略の策定と展開　**53**

グーグル社にある、仕事に関する12のルールを紹介しておきたい。創発を生む環境づくりのための、ヒントが多く含まれていると思う。

1　ランチは会社の人と食べる

　自部署の人とランチを共にすることで、相互理解を深め、信頼関係を深めることに役立つ。また他部署の人との場合であれば、情報交換、視野を広げる機会となる。会議等でなく、ランチをしながら話すということが、心も開放されて人間関係の構築に役立つといえる。

2　会議は30分単位、パソコン必携

　時間制限を付すことで、何が本当に大事なことなのかを意識できるようになると思う。

3　会社の机でなくても、仕事はできる

　気分を変えることも創発には役に立つことである。

4　上司と週に一度、面談する

　週に一度報告の機会があることで、平素の企画、活動の自由度が増すことになる。

5　仕事は自ら創り出す

　仕事の20％は新しいことを考えることに使えることになっている。大学でも、何パーセントと決めないまでも、このような時間を持つことを意識することは大切なことだと思う。

6　答えはユーザーに聞く

　顧客のニーズ、状況を意識することの大切さは大学も同じである。

7　話しながら考える

　新しい考えが浮かんだら、誰かにまず話し、その中で精度を高めていこうという手法である。大学でも、気軽にまじめな話をする場を設けることが大切である。

8　正しいことを追究する

　儲かることでなく、正しいことを追究するという姿勢である。

これが社内でも共感を呼び、協力体制が築かれることになる。ま
た、社会での信頼も得られることになる。大学としての社会的責
任とも通ずることである。

9　命令でなく合意で人を動かす

　この要素は、まさに大学のマネジメントには欠かせない要素と
いえる。

10　データに基づき論理的に考える

　9の合意を得るためにもデータは必要であるし、顧客等の状況
認識も感覚的にではなく、データに基づく認識が必要である。大
学のIRに通じることである。

11　「スケールするか」を検証する

　ほかにも適用可能かということを、アイディア自体の転用だけ
でなく、他の部門でも応用できるか、逆に他の部門の成功体験を
自部門に取り入れられるかといったことを検証することである。
アイディアの有効活用ということでもある。

12　職場にカオスを注入する

　カオスとは混沌という意味である。混沌といっても悪い意味で
はなく、多様性のあるという状態であると思う。いろいろな考え
方が広い視野をつくり、そこから新しい考えが生まれてくるとい
うことである。

　このような視点を大学の中に取り入れていくことで、創発を生み
出せる風土づくりを心がけることが大切である。

◇**創発に必要な認識とは**

　新しいことを考えるといっても、とにかく新しければ何でもいい
というものではない。顧客や社会のニーズに合致していなければ、
意味ある新しさとは言えないからである。もちろん大学という教育
機関であるから、顧客の目先のニーズに対応することに終始するの
ではなく、これからの社会で生きていく学生にとって必要なことは
何かという観点からのニーズ対応ということになる。

第3章　基本戦略の策定と展開　**55**

その意味では、少し前に話題となった、G型（Global型）大学、L型（Local型）大学という大学の役割分化といった趣旨の提言、例えばL型大学の経営学部では、マイケル・ポーターなどの難しい経営理論を学ぶのではなく、会計の基礎知識やパソコンで使う会計ソフトの取り扱いを学ぶべきであるということも、これからの社会で生きていく学生に関しての状況認識という点では、多少、極端ということはあっても、重要な視点を提供しているといえるであろう。

私自身、短期大学の学長に就任し、これからの社会を生きていく学生に対して、どのようなものを与えることが短期大学の果たすべき機能かということを考えた時に、開設学科の専門分野の知識の教授、スキルの養成といったことに加えて、一般常識、挨拶などの社会人としてのマナー、公共心といったことも養っていきたいと考えるようになった。そのようなことは大学の役割ではないという声も聞こえてくると思うが、社会に送り出していくためには、やはり必要なことではないかと思う。

先日、以前、一緒に仕事をしていた友人が、私の短期大学を訪ねてくれた。用件が済んで、外まで送っていった、ちょうどその時、学生たちが中庭の芝生の上に落ちているたくさんの落ち葉を、掃き集めて掃除をしていたのである。友人が「学生さんがキャンパスを掃除しているのは初めて見ました。いい光景ですね。」と言ってくれた。実は、私も初めて見たのであるが、単純に、このような学生を多く育てていける短大でありたいと思った。

創発、変革などというと、今まで考えもしなかった新しいものをイメージしがちであるが、原点に立ち戻って考える時、今さらと思われるような当たり前のことが、新しい輝きを放つこともあるのではないだろうか。

9 変化を見える化する

◇花壇が完成

　8月に行った教職員の合同研修会で、「上品で、ちょっとおしゃれな」というイメージを打ち出していくためには、キャンパス内の整備といったことも必要であるとの意見が出た。その後、そのことも含めて提案された内容を実現していくための方策が話し合われた。予想していたことではあるが、実行に移していくためには、もっとマンパワーが必要であるとの意見が多く出た。少ない教職員で運営している短大なので、もっともな意見であり、その面の充実も図らなければならないことは確かなことである。

　しかし、それを待っていたのでは、ことは進んでいかない。現状のマンパワーで実行できることをしていかないと、何の変化も起きないことになる。そして、何の変化も起きないということになると、話し合ってもあまり意味がないということになり、話し合うこと自体がなくなってしまうということにもなりかねない。

　現状を、少しでもいいから、何としてでも変えていきたいという気持ちがあったので、何かできることはないですかと、話し合いの場に問いを投げ続けていた。すると一人の教員が、ガーデニングが趣味なので、学生にも手伝ってもらって正面玄関脇の花壇を整備してみますと名乗りを上げてくれたのである。この時、組織が少し動き出したことを感じたのであった。この影響かどうかはわからないが、地域との関係づくりの実践として、別の教員が大学祭でミニバザーを実施してくれたのである。

　花壇づくりの方は、週に一度できるかどうかの活動だったので、清掃から始まり、進み方は早いものではなかったが、11月下旬には、パンジーなどの様々な花の植えられた花壇が一部完成したのである。何気なく歩いていて知ったのであるが、この時は大変うれしく感じた。これまで、少しの植え込みと石と土という状態だった花

第3章　基本戦略の策定と展開　**57**

壇が、一挙に明るくなったのである。大学の歩みということから考えたら本当に小さなことであるので、少し大袈裟な表現になってしまうかもしれないが、改革の第一歩のように私には感じられたのである。

◇教員満足度調査

　キャンパス内の整備のほかにも、教職員研修会ではいろいろな意見が出された。それを整理し皆に報告したが、順に検討し、対応できるものはしていかなければならない。前述のとおり、話し合った意見が学長に受け止められ、検討され、活用されるといった反応がないと、行動は消滅してしまうのである。行動分析学でも、行動を強化するものは、意見を出してくれといった誘因でなく、意見を出したという行動に対しての対応であるといわれている。

　そうならないために、次に取り掛かったのは教員満足度調査であった。職員満足度調査も併せてとも考えたが、状況等が異なるので、分けて実施することとした。教員満足度調査の実施を考えたのは、教職員合同研修会でも、これまで大事にされてきたという実感がないといった不満が多く出ていたからである。

　もちろん大学に限らず、どこの組織でも、待遇等に関しての不満というものは必ずあると思う。それをいちいち取り上げていたら、きりがないという事情もあると思う。そして表面上は平穏が保たれているわけであるし、学生に対してのサービスがそのことによって顕著に低下していくということもないので、対応に関しての緊急性も感じられないことが多いのではないだろうか。

　私の方としても、それほど表面化していない不満等をあえて取り上げるということは、面倒なことでもあるし、ストレスを感じることでもある。そこには触れずに、いろいろな計画を策定し実行していくということも可能であるから、そちらを選びたいという気持ちもある。しかし、本当に動く組織にしていくためには、教員の思いをすべて一度、明らかにする必要があると感じたのである。そうで

ないと、熱気球に砂袋が積み込まれた状態と同じで、大空に向かって飛んでいくことができないと思ったからである。

　企業の話ではあるが、不振に陥ったある企業が回復を図るときに、全従業員から苦情、意見、提案を出してもらい、そのすべてに回答するということからスタートし、その結果、劇的な回復を遂げたという話を聞いたことがあった。従業員が心の中に持っていた、様々な思いを吐き出し、それに対して経営陣が誠実に対応したということで、くすぶっていた不満もなくなり、経営陣との間に信頼関係が生まれたことが、業績回復を成し遂げた原動力になったものと思われる。

　教員満足度調査の結果分析と、それへの対応はこれからのこととなるが、この調査の目的は、不満の内容やその原因を明らかにし、それに対して経営陣がどう考えているかを明らかにすることだけではない。その不満を自分たちで、どのようにしていったら解決できるのかを考え、行動に移すきっかけとすることである。自分たちは雇用されている人でなく、大学を動かしていく人であるという意識を持つことのできる機会としていきたいと願っている。

◈職員力の向上に関する書籍を刊行

　だいぶ前からの話であったが、大学職員の能力開発に関しての実践的な本が必要ではないかということで、書いてみたらどうかとのお誘いをいただいていた。しかし、途中で私の短大学長への就任ということがあり、伸び伸びとなっていたのであるが、高度な職員力の必要性、SDの義務化といったことが盛んに言われるようになってきたという状況もあり、出版する運びとなった（2016年1月刊行の「戦略的大学職員養成ハンドブック」）。

　その中で、職員の能力開発に積極的に取り組んでいる大学、短大をいくつか紹介しているが、それらの大学の取り組みに関して共通に言えることは、単に学内で研修を行っている、積極的に外部の研修に参加させている、職員を大学院に通わせているといったことで

はなく、職員自身がなぜ研修をしなければならないのかという状況の理解に基づき、自分たちが大学を変えていく立場であり、変えていくことのできる立場であるということを感じられる風土づくり、そしてそのための仕組みづくりに力を注いでいるということである。

人間、権限のある人から「動け」と言われれば動くものではあるが、何のために動く必要があるのか、自分が動くことで何が変わるのか、自分の役割は何なのかといったことが理解できていないと、自主的、積極的な動きにはつながっていかないものである。そうではなく、自分が周りの状況を理解し、自分が動く必要があり、動くことが期待されている人間なのだという意識を持つことができれば、意欲的な行動が生じてくることになるのである。

当事者意識といわれることであるが、この当事者意識を持ってもらえるかどうかが、その組織の風土づくり、すなわち積極的な風土になるか、それとも受け身の風土になるかということに大きな影響を与えることになる。玄関脇の花壇も、自分たちが行動を起こさなければ何も変わらないのである。現に、ここ何年もそのままであったわけである。それが、自分たちで行動を起こせば、彩り鮮やかな花壇に変わるのである。

自分たちが行動を起こすことで、取り巻く状況を良いものに変えていくことができるのである。今回の教員満足度の結果を話し合う中で、この当事者意識の醸成を図りたいと願っている。

10　学長の役割は

◇2015年を振り返って

短大の学長に就任するという想定外の出来事から8か月が過ぎ、暦の方も2015年が終わり、2016年という新しい年となった。2015年を振り返って、その活動を一言でまとめるならば、「状況を認識しながら、組織を動かしていく道を模索した」、ということになるのではないだろうか。

教職員の方たちと話していると、今が非常に悪い状況というわけではないが、決して良い状況ではない、決して満足度が高いというわけではないということは、ひしひしと伝わってくるのである。学長の務めは、組織を良い状態に持っていくことである。良い状態とはどのようなものかといえば、学生に価値を与えられる大学になることで社会から評価されている状態、そのことによって入学者がきちんと確保され、財政的に安定している状態、そして、その中で教職員が組織に対して愛着心を持ち、組織も教職員の働き甲斐の確保を優先しているといった状態である。

　もちろん、このような状態を、学長ひとりの力でつくることができるわけではない。前述したように、教職員一人ひとりが組織を変えていく当事者であるという意識を持つことが求められることになる。学長の務めは、教職員がこの当事者意識を持てるようにすることである。これが、ここ最近注目されている、学長のリーダーシップということになると思う。そして、この働きを十分なものとするために、教授会の権限の明確化や、それに伴う学長の権限強化といった制度改正が行われてきたわけである。

　しかし、小さいながらも短期大学という一つの組織の長に就任してみて感じることは、権限が与えられることだけで上手くことが運ぶというわけにはいかないということである。企業から大学業界に移ってきた人からよく聞くことは、企業は命令すれば皆が一斉に動き出すが、大学はそうはいかないということである。これは、企業の命令系統がきちんと機能しているということを意味している。なぜ命令系統が機能しているのかといえば、命令に従って成果を挙げればきちんと評価され、昇格といった褒美が与えられるということが明らかであり、逆に、命令に従わなかった場合には不利益が与えられることも明確だからである。

◇**学長のリーダーシップを考える**

　では、大学の命令系統はいかがであろうか。最近でこそ大学にも

第3章　基本戦略の策定と展開　**61**

評価といった要素が取り入れられ、各大学でも人事考課制度を取り入れてきてはいるが、それによって大きく給与に差が生じるような運用はまだ少ないと思われる。勤務日数や勤務時間といった人事管理面においても、以前よりは厳格になってきてはいるが、企業に比べればまだまだ緩やかといえる。例えば、専任教員が他の大学の非常勤教員として働くといった、大学では当たり前とされている働き方も、企業等では全く考えられないことである。だいぶ前の話であるが、ある大学の学長がこぼしていた。大学の学長というものは、野球でいえば監督のようなものだと思っていたが、就任してみて全く違うということがわかった。バントのサインを出しているのに、皆、打っていってしまうと。

　もちろん、大学の教員の働き方を企業のようにすべきであるといっているのではない。組織の性質によって働き方は異なっているので、企業と同じような命令系統を、大学がすぐに備えるということは難しいといえる。このような大学の特質を前提として、学長のリーダーシップについても考えなければならないのである。

　リーダーシップを一言でいえば、文字通り誰かをリードする働きということである。どこにリードするかといえば、目的地に向かってということである。行く手を示し、そこに向けて組織を動かしていくということである。目的地として目指すところは、前述のとおり、良い状態の組織ということである。そのために必要とされることは何であろうか。まずは、行く先を示すということである。示すだけでなく、そこに到達すれば良い状態になれるということも明確にする必要がある。私の場合は、「卒業後の進路が、確かで豊かな短期大学」というものであった。この状態に近づくことができれば、入学者を中長期的に安定して確保でき、教育環境の充実を図ることができるということを説明したのである。

　大学の学長のリーダーシップで最も難しいのが、目指すべき行く先に向けて組織を動かしていくことであると感じている。なぜなら

ば、大学という組織は前述のとおり、命令系統が緩やか、もしくは
機能していないため、命令一下、皆が一斉に動き出すということは
期待できないからである。我が短期大学においても、やりましょう
と言うと動き出してくれるのであるが、なかなかその動きが継続し
ていかないという状況である。これは、初めてのことであるから仕
方ないことであり、ここここそが、学長のリーダーシップの発揮のし
どころではないかと考えている。

◆様々なことの積み重ねが

　組織の動きとして最も望ましい姿は、自主的に考え、自主的に動
き、自主的に振り返り、自主的に改善していくといった、機動力、
学習力のある状態である。この状態に一気に持っていくということ
は当然ながら不可能なので、少しずつ、一つずつ、いろいろな試み
をしていくことが必要となる。その一つが、行動の先に明るい兆し
を感じさせるということである。

　12月に、教員の満足度調査の集計が行われ、意見等をまとめたも
のが私のところに届いた。それを見ると、現状、満足している様々
なことと、それよりも多い不満足なことがいろいろと書かれてい
た。すぐに取り組めそうなこともあるが、少し時間のかかるものも
多い。このような調査で重要なことは、意見等への対応に迅速に取
り掛かるということである。そうでないと、学長自体が動かないも
のと判断され、組織の動きをますます抑制してしまうことになって
しまうからである。そうならないために、12月の時点である一つの
意見に対しての取り組みを開始したのである。

　また、組織を動かしていくためには、構成員一人ひとりの動きを
導き出すことが必要となる。人間、誰しもそうであるが、命令だけ
されて後は頼むといった状況では、動き出そうという意欲は生じに
くい。やはり、いつもその活動を、関心を持って見守り、サポート
していくという姿勢を持ち続けることが大切である。正面玄関わき
の花壇を再生するというミニプロジェクトの際にも、担当教員に会

第3章　基本戦略の策定と展開　**63**

うたびに、必要なことがあったら言ってくださいと声をかけること
は心がけたつもりである。

　さらに、行動するためには相当程度の負担が伴うといった場合に
は、見守り、サポートするだけでは、行動を生じさせることはなか
なか難しい。このような際には、もう少し積極的なサポートとし
て、一緒にやりましょうという姿勢が必要になると考えている。以
前読んだコミュニケーション関連の書籍に、人を動かす方法とし
て、一緒にしましょうというアプローチが効果的だということが書
いてあった。子どもに対して勉強しなさいというだけでは駄目で、
自分は雑誌を読んでいてもいいから一緒に勉強しましょうといっ
て、一緒に机に向かうことが大切であるというものであった。

　今回、取り組もうとしているホームページのリニューアルに際し
ては、私も作業を一緒にすると協力を申し出ている。

11　暖かい風土づくり

◇ひらめきノートを用意

　我が短期大学を、今よりも良い状態に持っていくには、どうした
らいいだろうかということが頭の中にあると、自分の頭はいつもそ
のことを考えるようになる。人間の脳というのは分からないという
状態を嫌がるので、何とか解決しようとしてフル稼働するというの
が理由のようである。その結果、アイディアを思いつくのは、どう
いうわけか車の運転中とか入浴中、眠りに入る間際や目覚めて直ぐ
といったケースが多いため、後でメモしようと思っているうちに忘
れてしまうということも少なくない。また、運よくメモができたと
しても、いろいろなもの、いろいろなところに、ひらめいたことを
書いているため、後で探そうとしても、なかなか見つからないとい
うケースも少なくなかった。

　これは非常にストレスを感じることであり、非効率的なことであ
るので、改善しなければならない。そのために、いくつかのことを

64

試みた。一つは、付箋をいつもポケットに入れておき、アイディアが浮かんだら、そこに書いていくという方法である。付箋はかさばらないので携帯に便利であるが、すぐに整理しないとメモの数が多くなり、前のものをどこかに貼り付けたりしているうちに、どこに貼り付けたか分からなくなってしまうということになりやすい。2穴のレポート用紙にメモし、テーマごとに整理するということも試みたが、整理するのが面倒ということで、続かなかった。

　最終的にたどり着いた方法が、専用のノートを用意し、思いついたことはそれにすべて時系列で書いていくというものである。その中の一つを紹介すると、9月9日の日付の下に「表彰制度をつくる」というメモがある。これは、夏に行った教職員研修会の分科会の席で、何人かの教職員から「本学には永年勤続の表彰もない」という発言や、「働きが認められているという実感がない」という発言があったことから考えたことである。やはり、人間、自分の存在や行動がきちんと認められているという実感がないと、働く意欲も生じにくいからである。

　このことに関連して、学生に対して行った一つの試みがある。本学はキリスト教主義の学校であるため、週に一度、「チャペルアワー」という礼拝の時間を持っている。そこで讃美歌を歌い、聖書を学び、自分の人生の生き方を考えるというものである。そのプログラムの中に「誕生祝福」という時間を設けてもらったのである。これは学生の存在を認めることをしたいということから考えついたことで、最初は誕生日のカードとか誕生会といったことを考えたのであるが、急なことであり、予算措置もないだろうと思い、費用の掛からない方法を選択したわけである。

　「誕生祝福」はその名の通りの内容で、この1週間に誕生日のある学生の氏名を読み上げ、1年間の祝福を祈るというものである。私の中で、学生の顔と名前がまだ一致していないので、正確に学生の反応を感知することはできていないが、少しうれしそうな反応を

見かけることもあるので、やってみて良かった試みではないかと思っている。

◆コンパ経営

　企業の社員研修等で、人の意欲を引き出すためには、その人の存在や行動をきちんと認めることが大切であるという話をし、存在や行動を認めることになる言動をリストアップしてもらうことがある。その中で、存在を認める言動の例として、「きちんとした挨拶」や「相手を気遣う」「相手の変化に気づく」といったことがよく挙げられるが、それと並んでよく挙げられるものが「飲み会に誘う」ということである。

　少し前までは、会社の飲み会や、上司と一緒に飲むといったことは、煩わしいこととして敬遠されていたが、組織能力の重要性や、共に働く仲間とのつながりを感じることによる満足感、連帯感といったことの必要性が痛感されるに伴って、飲み会や社内行事が見直されるようになってきている。確かに、仕事中のコミュニケーションだけでは、仲間意識の醸成は難しい。お酒が潤滑油となって本音で語り合うことで、お互いを仲間として意識し、認め合うという気持ちが出てくるものと思われる。

　京セラの創業者であり、最近は日本航空の再建者としても知られている稲盛和夫さんの経営を扱った本の一つに、「稲盛流コンパ　最強組織をつくる究極の飲み会」という本がある。それによると、京セラの社内には100畳の和室があり、会議の後など、いろいろな機会に飲み会が開催され、そこで上司と部下、同僚同士が仕事の悩みや働き方、生き方を本音で語り合う。決して、会社や上司の陰口を言い合うような、単なる憂さ晴らしの場ではないという。参加した人の話では、そこで強いきずなが生まれ、各人が成長していく場となったという。稲盛さん自身が、そこで熱くビジョンを語ることも多くあり、昼間の仕事の中で聞くと、単なる訓話のようにしか受け取れないことでも、そこで語られることで、そのビジョンが参加

者に深く浸透していったとのことである。

　私が学長に就任して変わったことについて教職員の方たちから聞くことがあるが、その一つに、飲み会が増えたということがある。それほど多く開催しているわけではないが、これまでが該当者がいる年の送別会だけであったというから、これまでが少な過ぎたわけである。昨年末にも開催を考えたのであるが、いろいろと行事が多かったので見送っていた。3月にもう一度教職員全体懇談会を計画しているので、その後にでも開催しようと考えていた。

　すると、ある日、ある教員の方から、就職課の職員の方と相談して、教職員の新年会を実施することになったので、奮ってご参加をというメールが届いたのである。飲み会の開催を、自分から言い出してばかりということに多少のためらいもあったので、このメールは大変うれしいものであった。それは、飲み会の機会というコミュニケーションの場が持てるということだけでなく、飲み会を開催しよう、したいという気持ちが、職場内に出てきたことに対してである。

◇底まできれいな組織に

　教職員の懇談会や飲み会を開催し、何でも言ってくださいと呼びかけることは、ある意味、リスクを伴うものである。それは、表面上は穏やかに澄んでいるように見えている池を、あえて底からかき混ぜるようなものだからである。場合によっては、言いたいことを無責任に言い合うような混乱状態を引き起こし、収拾がつかなくなってしまうということも考えられるからである。

　私が以前所属していた大学でも、不満に感じていること等を自由に言える機会が設けられたことがあった。出てきたことの多くが、中間管理者に対しての不平・不満であったが、中間管理者を交換することや変身させることはできないことであったため、何の改善も行われず、職場の人間関係を悪化させただけに終わったということがあった。

第3章　基本戦略の策定と展開　**67**

そのようなことをあえてやりたいと考えたのは、このままの状態では改善はできても、改革は難しいと思ったからである。皆が持っている不平・不満を学長がきちんと受け止め、それを皆で解決していこうという気運をつくり出していかなければ、安心して動く組織とすることができないと考えたのである。

　私の願いは、本当に楽しく、安心して働くことのできる大学にしていきたいということである。

12　変化するために必要なこと

◇学生の意見を聞く

　私が授業を一つ担当していることについては以前に触れたが、前期が「ロジカルシンキング」という科目で、後期が「社会人力養成講座」というものである。前期の授業の際にも、授業時間の中で本学に関しての意見などを学生に聞いたことは何度かあったが、もう少し多くのことを聞きたいと思い、後期試験のレポートの質問の中に、本学に対しての意見や提案を書きなさいというものを入れてみたのである。改善提案できることは、社会人力の重要な要素であるという理由もあった。

　提出されたレポートを見てみると、予想どおり施設・設備面での改善要望や提案が多く書かれていたが、「この短期大学の学生に不足している力は表現する力であり、そのような力が就職試験では学力よりも重視されるので、表現力を伸ばすような授業や機会をもっと設けてほしい」という意見や、「学年を超えての活動の機会がもっとほしい」といった趣旨の提案も少なからずあり、もっと元気な短大になることを学生たちも望んでいることが理解できた。また、女子学生から「もっと男子学生を増やす工夫がほしい」といった要望もあり、男女共学の利点を感じていることも知ることができた。

　最も多かった施設・設備面の改善提案に関しても、現実的な提案が多く、すぐに着手できるものも多くあったので、春休みの期間を

利用して改善していく予定である。もちろん、すべての要望に対して応えることはできないが、応えてくれたということが学生たちにも伝わることが、大学と学生が一緒になって良い短大にしていこうという風土をつくるためには不可欠であるからである。

　また、当然のことではあるが、最も頻繁に学内の施設・設備を利用している学生ならではの視点からの提案といったものも多く見られた。何でもそうであるが、最終的には顧客に聞くことが一番の方法なのである。新年度の授業の中で、「100万円で新島学園短期大学を改善する」といったテーマで、学生たちから意見を募るという試みも、行ってみようかと考えている。

　教職員が、この大学を良くしていくのは自分たちの責任と権限であるという当事者意識を持ってくれることが、大学を改革していくためには非常に重要なことであるが、大学の重要な構成員である学生たちにも、このような当事者意識を持ってもらえるようにしていくことが、活気ある大学としていくためには非常に大切なことであると感じている。

◇委員会を新設

　委員会の活動を効果的なものにし、かつ、その成果が明確になるように、各委員会の目的や目標、成果を図る指標等を設定してもらったが、その際に、委員会自体の見直しに関しても要望が出された。現在ある委員会とその担当業務は、これまであまり吟味されずに来たため、適切な分担になっていない面もあるので、この機会に見直したいというものであった。確かに組織というものは、常に見直していこうという意識がないと、大きな不便がない限り、現状のまま続いていってしまいやすいものである。変えようというエネルギーと比べたら、現状の不便を耐える方が、心安らかであるからである。

　確かに、一見しただけで適切でない業務分担といったものも、いくつかは見受けられたので、それらについては修正を行ったが、現

状、それほどの不都合はなく機能しているということを重視して、現状の委員会自体はそのまま存続ということにした。ここで無理に委員会の再編成をして、年度替わりの時期に混乱を生じるという事態を避けたかったということもあった。

その代わりに、新しい委員会をいくつか開設することにした。一つは、これまで既存の委員会（教務委員会）の担当分野ではあったが、より重点を置いて推進していく必要性のあるFDやSD（SDについては既存の委員会の業務には挙げられていなかった）を担当するFD・SD委員会である。学生の成長を図るためには教授力の向上は不可欠のことであり、また、これからの厳しい環境の中で状況を正確に把握し、それに適切に対応していける職員力の向上も同じく不可欠と考えられるからである。

二つ目は、地域連携委員会である。これまではいろいろな委員会の活動として行われていた地域向けの諸活動を、一つの委員会で管轄することで効率化を図るとともに、範囲の拡大と内容のより充実を期したいと考えてのことである。また、昨年、地域連携プロジェクトチームを編成し、そこで、これまでの活動のまとめと今後の方向性を検討してもらったので、それを実行に移していくための委員会設置ということにもなる。

そして三つ目は、施設管理・改善を担当する委員会である。これも地域連携と同じく、昨年、プロジェクトチームとして要改善箇所の指摘や今後の施設・設備整備計画を考えてもらったので、その活動を受け継いで、実施に移していくための委員会である。このほかにも新規の設置を考えた委員会がいくつかあったのではあるが、少ない教職員であるので、あまり急激に増やすと負担増となることや、担当が増えることで、それぞれの委員会の活動が不十分になってしまうことを考慮して、今回はこの3委員会を新設とした次第である。

◇状況を改善していくためには

　物事を改善するということは、現状を変えるということを伴う。そして現状を変えるということには、必ず何らかの労力が必要とされるので、現状に大きな不都合がない限りにおいては、慣性の法則が働いて人間は現状維持を選ぶことになりやすい。

　変化する条件というものを、以前、聞いたことがあった。それは、「変化することによるメリット」＋「変化しないことによるデメリット」の方が、「変化する苦労」＋「変化しないメリット」よりも大きくなければならないというものであった。例えば現状を改善するためにダイエットをしようと思い立ったとき、「格好良くなる、健康になるというメリット」＋「太り過ぎの状態、不健康な状態が続くというデメリット」の方が、「好きなものを食べられない、空腹であるという苦痛」＋「好きなものを好きなだけ食べられるというメリット」よりも自分にとって価値があると本人が判断するならば、ダイエットが継続されるということである。

　新しい委員会を設置して、新しい活動を開始するということに関しての「増える負担」と「現状維持の楽さ」という、前述の変化についての不等式の右辺の状況は、比較的すぐにイメージできるであろう。問題は、左辺の新しい活動をすることによって何がどのように良くなるのか、今、それをしないことによってどんな悪い影響があるのかを、どのようにしてイメージしてもらうかである。生じる悪い影響というものを具体的に説明し、理解してもらうということは、極めて困難なことである。できるとしたら、何がどのように良くなるのかを理解してもらうことである。

　私自身の描いているストーリーは、学生を成長させること、学生の満足度を上げることに直接的につながる活動をどんどんと増やしていき、それによって学業面や就職面、進学面での実績を高め、そのことで社会からの評価を高め、地域社会で２年間の教育機関の一番手として選ばれる短期大学になることである。そうなれば、快適

な教育・研究環境が享受できるということを伝えている。3年間、騙されたと思ってやってみてほしいと。

13　サポーターの重要性

◇サポーターを認識する

　大学に限ったことではないが、組織が衰退していくときに表れる兆候の一つとして、サポーターが減少していくということがある。組織が存在できているのは、その組織を必要としている人、そのためにその組織を支援しようという人が一定程度以上いるからで、そうでないなら、その存在は必要ないということになるからである。

　大学にとってのサポーターとして考えられるのは、どういった人たちであろうか。まず挙げられるのは、在学生であろう。在学生にそっぽを向かれるようであれば、事態は極めて深刻であるということになる。このような兆候を早期に把握し、適切な対応を可能とするためにも、学生の満足度を把握するということは不可欠なことといえる。

　在学生を取り巻く人たちということでいえば、その保護者も有力なサポーターとして挙げることができる。危機的な状況に陥った大学が、回復を図るための第一手として行ったことが保護者会の組織であったということを前に書いたが、保護者は学生の成長を支援するということでいえば協働者であり、大学の評価が高く（又は低く）なるという点では共通の利害関係を持つからである。

　私の短大でも在学生の保護者で構成する「父母の会」という組織が存在しているのであるが、確認したところ、活動は年に一度の総会のみで、それも30分もかからずに終わってしまうという状況であった。会費を集め、大学の活動を財政的に支援してもらうという機能はもちろん重要なことであるが、それだけにとどめてしまうということは、非常に厳しい環境下の大学経営センスとしては、不十分なものと言わざるを得ない。

また、厳しい環境になってくると、大学の関心はどうしても入学してくる人に向きがちになり、卒業していった同窓生に対しての意識が弱くなってしまうこともあるようである。新島学園短期大学も1983年に開学した短大なので、同窓会員もある程度の数がいるのであるが、途中で学科内容等が大幅に変わったことや、途中までは女子のみであったので、初期から中盤にかけての卒業生は子育てに忙しい時期という事情もあり、幅広い年齢層が活動しているという状況ではなく、最近の卒業生を中心とした活動状況となっている。

　学校との関係性を維持していくという観点から考えるならば、在学生というサポーターを、同窓生というサポーターに変えて、継続していくことは非常に大切なことである。近年、注目されている、入学前から卒業後までの継続した支援を図るエンロールメント・マネジメントの精神から考えても、そのことは学校が果たすべき重要な役割といえる。

　また、そのままの状態であればサポーターとはならないが、大学の活動を理解し、賛同してくれるようになればサポーターとなり得る存在が、高等学校の教員、特に進路指導担当の教員である。大学の広報担当職員の多くは、進路指導担当の教員に対して自学の良さを伝える営業活動に専念しがちであるが、優れた広報担当の職員は、高校の先生との関係性を構築することに力を注いでいる。まずは聞く耳を持ってもらえる、お互いの話が通い合える、そのような人間関係を築くことに努めているのである。そして、会話の中で得られた高校の先生の要望等も取り入れた改善を行っていく中で、高校の先生を良き理解者、支援者へと変えていくのである。近年、重要視されている高大連携といったことも、このような関係づくりから始めることが肝要であると思う。

◇**サポーターを組織化する**

　大学を取り巻く様々なサポーターの人たちを、どのような形で組織化し、いかにして活動の活性化を図っていくかということは、非

常に重要なことであるが、十分にできているところは多くないというのが実情ではないだろうか。それは、これまで長い間恵まれた環境の中で大学が運営されてきたため、サポーターを意識する必要性や、サポーターの支援を必要とする状況がなかったからであろう。それが現在のように極めて厳しい環境になってくると、サポーターという存在の重要性は極めて高いものとなってきている。

　サポーターの人たちが、それぞれバラバラに存在しているという状態でも、もちろんありがたいことではあるが、組織化することで、頼まれればサポートするという程度の協力度の人も取り込めることになるし、財政的な面での支援の充実といったことも期待できるようになる。

　では、具体的にはどのように進めていったらいいのであろうか。既に組織化されている同窓会や保護者会などは、大学との連携をより強化し、大学への様々な支援体制を構築していく必要がある。どのような内容の支援体制かといえば、財政的なもののほかに、最近では大学にとって最も重要な事柄となっている教育内容の充実と、それを基にした学生募集の安定化ということになる。大学の改革状況を定期的に伝えていくとともに、サポーターの声を集め、それに基づく改革を実施することも求められる。そして、それらを口コミとして広めてもらうことも期待したいこととなる。

　また、組織化されていないサポーターに関しては、まず組織化から始める必要がある。まだ十分には組織化がすすめられていないと思われる対象として、その大学の教職員だった人たち、かつて子どもが在学生だった保護者の人たちといったものが挙げられる。もちろん現在は直接の利害関係がないので、応援する意思のない人もいるとは思うが、全員を組織化する必要はなく、サポーターたり得る人たちだけを組織化すればいいのである。以前、コンサルティングを行っていた学校に対して、元保護者の人たちの組織化を勧めたところ、中心になってくれる人も得られ、現在は学校に対して大変有

74

用な存在となっていると聞いている。

　大学に関係している企業等を組織化している例はよく聞くが、財政的な支援のみの機能にとどまっている例も少なくないようである。一番信用される広報媒体は、知人からの口コミであると言われている。大学に関係するあらゆる人たちに対して、大学のビジョン、改革の方向性、教育の内容、その成果といったことをきちんと伝えるとともに、それぞれの人たちの要望や不満といった声をきちんと集め、それらも踏まえて大学の進路を決めていくという姿勢をとっていくならば、必ずサポーターは増え、強力になっていくと思う。

　ぜひ一度、自学のサポーターに関しての認識状況、取り組み状況等を下のような表を使って点検してみることをお勧めしたい。

サポーター	組織化の状況	連携の現状	今後の連携策
同窓生			
保護者			
旧保護者			
旧教職員			
関係企業等			

14　組織の成熟度を考える

◇組織の成熟度

　観念的には分かっていたことではあるが、実際に組織を動かし始

第3章　基本戦略の策定と展開　**75**

めてみて感じることは、組織の状況をきちんと把握し、それを踏まえての適切なリードをしていかなければならないということである。赴任して最初に、教員の方たちの発言が少ない、活気がないといったことを感じたために、いろいろなことを、どんどんとやっていってもらうようにしていかなければならないということで、この短大をどのようにしていったらいいのか、そのためにどのようなことを自分たちがしなければならないのかといったことを、全体の研修会で話し合ってもらったりもしてみた。

　夏に行った第1回の全体研修会も、これまで感じていた不満や、将来に関する不安など、感じていることをいろいろと話せたという成果はあったと思われるが、私の方が考えていたような具体的な方向性といったものはなかなか出てこないのである。その後の、いろいろな会議等での話し合いも、同じような感触であった。教員数も基準の数ぎりぎりという少ない人数のため、日々、いろいろな仕事を抱えて忙しく働かざるを得ないので、新しいことを考える余裕がないのかも知れないと推察もしてみた。

　そのような中で気づいたことが、組織の成熟度という概念であった。当たり前のことであるが、組織の成熟度のレベル、品質というものは様々である。成熟度レベルの低い組織の場合であれば、構成員に組織の目標が全く共有されていないため、各自の行動はバラバラ、ミスやトラブルが生じても、原因を追究し、それを改善しようとしないため、同じようなミスが再発してしまうといった様相を呈することになる。

　これが逆に成熟度レベルの高い組織の場合であれば、組織の目標は全構成員に共有されていて、各自の行動はその目標に対して一貫性を持って、各部門の連携のもとに行われている。全ての活動に関して振り返りが行われることで改善が行われ、ミス等の再発防止のレベルを超えて、未然防止のレベルにまでに至っている。現状のやり方に満足することなく、さらに良い方法はないかをいつも探求し

ている状況といった状態になる。そしてもちろん、この両者の間に、様々な成熟度レベルの組織が存在しているということになるのである。

　我が短期大学の成熟度レベルについて考えてみると、それは一体どの程度のものであろうか。組織目標は掲げてあるが、それが教職員に共有されているかといえば、まだまだ不十分な状態と思われる。それぞれの人たちは頑張って働いてはいるが、日常の活動が、組織目標を意識して考え、行動しているものになっているかといえば、そのような状態には至っていないし、組織目標達成に向けて各部門が連携しているという状態にも至っていない。業務の改善についても、一部行われているところもあるが、改善を意識した働き方というよりは、前年を踏襲した働き方という状態の方が多いように思われる。

◇組織の成熟度を上げていくためには

　我が短期大学が、このような成熟度レベルの組織であるということであるならば、それを少しでも向上させていくためには、どのようなことをしたらいいのであろうか。組織の成熟度レベルを上げていくためには、やはり実際の業務を実践していく中で気づきを得たり、新しい試みをして成果を出したりといった、組織としての経験、実践を積んでいくしかないのではないだろうか。そして、そのようなプロセスにおいて、より効率よくレベルを上げていくためには、冒頭に書いたように、成熟度レベルに合ったリーダーシップが必要になると思われる。

　そのために私が試みたことは、まずは組織目標、すなわち目指すべき姿を言葉にしたものを繰り返し伝え、皆に覚えてもらうということであった。もちろん言葉だけでなく、何を言わんとしているのかという、その中身や、なぜそのような組織目標を設定したのかという背景や理由についても、併せて説明をするように心がけた。他者とのコミュニケーションにおいて、伝える方は十分に伝えたから

第3章　基本戦略の策定と展開　77

しっかり伝わったであろうと思っていても、聞く方はいつも集中して聞いているわけではないし、自分の興味のアンテナに関係ない情報と無意識に遮断されるということもあり、実はあまり伝わっていなかったということも少なくないのである。このため、教職員の方たちに対して話す機会が与えられた時には、目指すべき姿である「卒業後の進路が確かで豊かな短期大学」というフレーズを、必ず入れるようにしている。

　次に行ったことは、最初から皆で考えましょうということではなく、目指すべき姿の実現にはこのような要素が必要になると考えられますので、その要素を備えるために必要なことを考えましょうとか、さらにもう一段階進めて、その要素を備えるためにはこんな活動が必要と考えられますが、その活動をどのようにして生じさせたらいいでしょうかというように、考える領域を限定し、行動すべき事柄が早く明確になるようなリーダーシップを心がけたのである。

　具体的な例を挙げるならば、卒業後の主要な進路である就職状況を良いものにしていくためにはどうしたらいいでしょうかという問いを教職員に投げかけるのではなく、基礎学力の向上など、いろいろな要素が必要となりますが、すぐに取り掛かれるものは学生のマナー向上だと思いますので、そのために必要なことを考えましょうという問いを投げかけるようにしたのである。そうすることで、いろいろなアイディアが出てくるようになったので、この手法は効果があったように感じている。

◇積極的な風土づくり

　組織の成熟度を上げるためには、組織としての体験や実践が必要であると書いたが、そのためには当然のことであるが、組織として行動することが必要となる。石橋を叩いても渡らなかったり、石橋を叩き続けたりといった状態では、何の経験、実践にもならないのである。大学は考えることが得意な組織ということもあってか、考えただけで実行しない、漫然と考え続けているといった状況が良く

見られるようである。また、良いアイディアが出され、実行してみようという合意までできたのにもかかわらず、今年は間に合いそうもないので来年にしましょうといった、「すごい先送り」も平然と行われてしまう。

　私の短大でも、同窓会など大学の関係団体の活動の活性化を図ろうというテーマで議論した時に、大学祭に同窓生を迎えるホームカミングのイベントを行おうという提案があり、皆が賛成をした。私も、組織が動き出した感触を感じてうれしくなったのであるが、その後に、会議の参加者の一人が、今年は今からでは間に合わないから来年からですねと発言すると、皆もそうですねと同意したのである。大学祭は10月に開催で、その話の出た会議は6月のことである。驚いた私は、できる限りの内容でいいので実施しましょうと提案し、表面上は賛同が得られたのであるが、結局、実施には至らなかったのである。

　組織の風土というものは長い時間の中で、いろいろな条件に影響されて出来上がってきたものであり、積極的な風土は維持するのに工夫が必要であるが、消極的な風土は省エネのため、慣れてしまえば、ある意味、快適ともいえる。これを変えていくのは、正確な状況認識に基づく危機感の共有と、明るいリーダーシップであると考えている。

15　分かりやすく伝える

◈入学者の確保について

　新島学園短期大学が開学した1983年は、女子の高校卒業後の進路として短期大学が一番人気という時代であったので、学生募集に苦労するというような状況は全くなかった。それが、女子の進学先としての人気が四年制大学に移行し始めた1990年代からは、短期大学の学生募集は厳しいものとなっていったのである。

　新島学園短期大学もそのような状況に対応するため、2004年にそ

れまでの教養系の学科を、人文・社会系の学科と幼児教育の2学科に改組するとともに、女子短大を共学の短大としたのであった。ところが、そのような対応だけでは募集状況を改善するには至らず、それ以降、多くの短期大学と同じく、常に厳しい募集状況が続いていたのである。私がこの短期大学の広報関係のコンサルティングに従事し出したのが2013年の夏からであったが、その前後の学生募集状況は、次のグラフのとおりである。

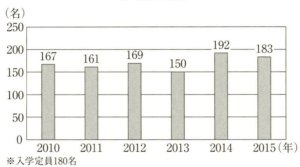

ご覧のとおり、幸いにして関わった以降、入学定員を充足した状況となっている。広報面で何を変えたかといえば、アピールする言葉を変えたのである。それまでこの短期大学が大学案内やホームページ、新聞等の広告で使っていたキャッチコピー的なものは「真理・正義・平和」というものであった。崇高な教育理念を表す言葉ではあるが、高校生、受験生に対して、この短大の魅力を伝える言葉としては、具体性に欠けると思ったのである。

この短期大学は、70年の歴史を持つ中学・高校を母体としていて、そこの卒業生が地域の産業界で多数活躍しているという関係もあってか、就職状況が就職率だけでなく内容も良いし、改組以降、四年制大学への編入学に力を入れていたので、その実績も優れていたのであった。この点を素直に表現した方が、受験生に分かりやす

いし伝わりやすいと考え、決めたキャッチコピーが「就職にも進学にも強い短大です」というものであった。このように、良い点を素直に明確に表現することで、どのような特色、強みを持った短期大学であるのかが明らかになるし、受験生に対しても、選ぶ理由を明確に示せると考えたのであった。

このキャッチコピー変更の効果が全てかどうかは、もちろん分からないことであるが、翌年の入学者は、入学定員を久しぶりに上回るという好結果となったのであった。これは伝えるべき中味があったからできたことではあるが、言い換えれば、いい中味があるにもかかわらず、これまでそれをほとんど伝えてこなかったともいえるのである。皆さんの大学でも、きっと伝えるべきいい中味があると思う。それを分かりやすい表現で伝えているか、そのキャッチコピーは受験生に選ぶ理由を与えるものになっているかどうかということを、ぜひ再点検してみるといいと思う。

◇**新年度に向けて**

広報面を工夫することで、募集状況の改善を図るということはある程度は可能であるが、その程度は伝える中味によって左右されることになる。新島学園短期大学が開設している2学科は、キャリアデザイン学科とコミュニティ子ども学科というものである。おそらく複合的な名称が流行った時代だったのであろうが、学ぶ内容を、すぐにイメージしにくい学科名称となっている。

キャリアデザイン学科のコンセプトは、いろいろな分野を幅広く学ぶ中で、自分の将来の進路を見出すというものである。したがって主なターゲットは、高校時代に将来の進路を決めることができなかった人たちということになる。そしてそこに、実態としては、四年制大学への編入を希望する人たちが加わっているという状況である。

コミュニティ子ども学科は、幼稚園教諭、保育士を養成する学科であるが、「コミュニティ」という言葉が頭についているため、分

かりやすさという点では、やや難点があるともいえる。また、幼児教育系の学科内容というものは、免許を取得する関係上、どこの学校でもほとんど同じ内容になるため、差別化が図りにくいという課題もある。

このような状況であるので、広報活動において中味の明確化と他校との差別化を図ることが常に求められることになるわけであるが、仮にそれがある程度、成功したとしても、18歳人口の減少や、女子の四年制大学進学志向に対抗できるほどの成果を上げることは極めて難しいと思われる。

そこで考えたのが、学ぶ内容が明確に分かり、目的意識を持った学生も集めやすい仕組みとしてのコース制である。当初は、両学科に3コースずつ開設と考えたのであるが、これまでのキャリアデザイン学科のように、入ってから将来を考えたいというニーズも少なからずあるということで、キャリアデザイン学科に4コース、コミュニティ子ども学科に3コースを開設するということになった。

◇7つのコースは

開設する具体的なコースは、キャリアデザインス学科では、これまでのコンセプトである入学してから将来を考える学びを行う「ライフデザインコース」、企業で活躍するために必要とされる知識やスキルを学ぶ「ビジネスキャリアコース」、英語や国際について学び、グローバルな働き方を志向する人のための「グローバルキャリアコース」、四年制大学に編入し、さらに専門性を高めたい人のための「アカデミックブリッジコース」の4つである。

そしてコミュニティ子ども学科では、幼児教育のオーソドックスな学びを深める「幼児教育・保育コース」、福祉や心理について少し深く学ぶ「福祉・心理コース」、ピアノや声楽など、音楽関連の学びを深める「音楽コース」の3つである。

このコース制のねらいは、学ぶ範囲を明確にして学生に目的意識を持たせるということに加えて、教える側の教員にも、自分たちに

は、このような力を学生に付けさせる責任があるということを、明確に意識してもらうということがあった。これまでももちろん、きちんと授業をしてきたわけではあるが、特にキャリアデザイン学科の場合には、養成すべき人材像が広いものになるため、個々の教員の教授内容と養成すべき人材像とのつながりがイメージしにくいということがあったからである。

　また募集面での戦略としては、キャリアデザイン学科では、ビジネスに必要な知識やスキルが身に付く、資格が取れるということを明確に伝えていくことで、これまで他の社会科学系の短大や、ビジネス系の専門学校に進学していた層の取り込みを図りたいということと、これまで何となく編入に強いということは関係者には知られていたのではあるが、そのためのコースを明示することで、大学受験で希望の大学に入れなかったという層に加えて、高校時代に大学受験の準備が十分にできなかったという層の取り込みも図るということである。そしてコミュニティ子ども学科では、幼稚園教諭、保育士の免許を取得できるという共通の価値に、音楽や心理といった付加価値を加えることで、差別化を図ろうということである。

　2016年度は、このコース制を前面に打ち出して、新たなポジションを獲得していきたいと願っている。

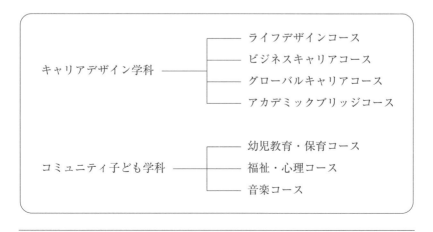

第3章「基本戦略の策定と展開」 ここがPoint

○基本戦略のベースは四つの認識（顧客・市場・競合・自学）にかかっている。
○目指すべき姿、取り巻く状況について教職員で共有できる場を、定期的に設定する。
○有用な意見を形にしていくことがリーダーの役割である。
○競合との差別化を図ることが競争戦略では不可欠である。
○不満に対する解決策を、自分たちで考えてもらうことが当事者意識の醸成になる。
○行動の先に明るさがあることを示すことが、変化を起こすためには必要である。
○サポーターを認識し組織化していくことが、これからの大学経営には必要である。
○組織の成熟度に応じた、考える範囲を限定した問いかけが有用である。
○大学の持っている強みを見つけ出し、シンプルに伝えることが成果を生む。

第4章 基本戦略を活動につなげる

1 新年度の計画を策定(1)

◇2015年度を総括する

　学長就任初年度である2015年度の成果はどうであったかというと、出口の就職や四年制大学への編入は、極めて優れた成果を上げることができた。就職内定率は、幼児教育系の学科は100％であり、もう一つの人文・社会系の学科の方も就職活動をしている人でいえば100％、全体でも97％となっている。また、四年制大学への編入に関しては、希望者の合格率は100％で、国公立大学の合格者が35名、そのほか有名私大への編入者も多く、過去最高の好結果となっている。

　一方、入り口の募集の方はというと、こちらは残念ながら定員を少し割り込む結果となってしまった。良好な募集状況が続くと考えて、今年度から入学定員を増やした幼児教育系の学科の募集が、予想外の苦戦となってしまったのである。この原因の分析はこれからであるが、聞いている限りでは、他の短大の幼児教育系の募集状況も、昨年に比べると厳しいものになっているようである。

　以上のように2015年度の総括としては、出口は良好であったが、入り口である2016年度の募集は、予想を下回るという状況であった。短大を取り巻く厳しい環境を考えるならば、そう悪い結果とはいえないが、安定したポジションという目指すべきゴールには、まだまだ遠く及ばないものである。

　もちろん学長としては、この結果について責任を負わなければならないわけであるが、良好な出口の結果も、少し残念だった入り口の結果も、2015年度に関しては既に決められた計画と予算に従って進んでいて、私の戦略はほとんど加えられなかったので、その意味

では手柄にもならないし、言い訳ではないが、責任もそれほど感じなくてもいい状況ともいえるのである。

次に、風土づくりについてである。この件に関しては、2015年度は私のやり方を実践したので、その結果については私の責任ということになる。長い時間の中でつくられた風土であるから、劇的に変化するということは期待できないわけであるが、少なくとも、言っても無駄だから何も言わないという雰囲気だけは払拭できたのではないかと感じている。

年に2回であったが、教職員の全体研修ということで話し合いの機会を持ち、そこで普段はなかなか話せない大学の様々なことについて意見を交換することができたし、後半には満足度調査を実施し、これまで感じていたことを明らかにすることもできた。そして、満足度調査に書かれていることで、もっともなことであり、すぐに着手できることに関しては着手したつもりである。

少しずつであっても、各人の不安や不満が解消され、言ってみること、提案することは無駄ではなく、大学を良くすることに通じるのだということを感じてもらいたいと考えている。

◆2016年度の計画は

2016年度の結果として目指すものは、2015年度の出口の好調さを維持し、さらに向上させること、そして入り口の募集状況を良好なものとするということである。これを実現していくために、6つの基本方針を採ることとした。

一つ目は、学生や市場を理解するということである。これまで周りのことを考えなくてもやっていけた時代が長かったため、大学はこの状況認識という面が弱いといえる。この短期大学も全く同様であった。学生に対してアンケートは実施しても、集計されたのかどうかも分からないという状況であった。このようなことでは、学生に価値を与えられる大学となることは到底できないことである。

市場の認識についても、同じことがいえる。高校の進路指導の現

状はどのようになっているのかとか、高校側が欲しい情報とはどのようなものなのか、それをどのような方法で伝えてもらうのがありがたいのかといったことについて、きちんと認識ができていないまま、高校訪問を実施しているというケースも少なくない。

　適切な戦略を策定し、それを効果的、効率的に展開していくためには、関係者の状況やニーズ、取り巻く環境の動向等についての正確な認識が不可欠である。この点に関しては、認識するための仕組みを構築し、それをきちんと動かしていくことが必要となる。動かす役は、当面、私が担当していこうと思っている。

　二つ目は、短大としての魅力づくりである。ここが最も重要なところである。すぐにできるものではないが、ゆっくりしている時間はない。効果的かつ効率的に、スピード感を持って進めていかなければならない。そのための仕掛けとして、先に紹介したコース制の開設に向けて、細部を詰めていかなければならない。

　また、快適な活気あふれたキャンパスづくりも手掛けていかなければならないことである。昨年度、学生たちにこの短大の雰囲気について尋ねたところ、私自身も感じていたことではあったが、もう少し快適な空間が欲しい、もう少し活気が欲しいという声が少なからずあった。大学祭も、静かなうちに始まり、いつの間にか終わったという印象であった。

　昨年度から、施設やキャンパスを少しでも良くしたいと言い続けてきた甲斐もあってか、教職員の人たちも、以前に比べると施設の要修繕箇所、改良できそうなところに意識が行くようになってきたようで、塀も直さないと見栄えが悪いとか、もう少し花の咲く樹を植えた方がいいといった会話が聞かれるようになってきた。もちろん財政面の制約はあるが、今年度中にできるだけ多くの施設改修を手掛けていきたいと考えている。

　活気のあるキャンパスづくりに関しては、まずは元気な挨拶を励行することから始めようと思っている。教職員合同の研修会におい

ても、就職状況のより充実を図るためには、きちんとした挨拶など学生へのマナー教育が大事であるという指摘が多く出ていた。元気に挨拶することで、本人の評価も上がることになるが、併せて挨拶された方の心持も良くなることが期待できる。それがキャンパスの活性化につながると考えたのである。

そして最初が肝心と思い、入学式の学長式辞の中に、元気で明るいキャンパスをつくるのは皆さん自身なので、元気な挨拶を交わすことを心がけましょうという内容を盛り込んだのである。雰囲気づくりは、皆で一緒に取り組むことで、初めて効果が期待できるものと思う。そのためにも、私自身がいつも皆に声を掛け続けること、自らも進んで実践することを心がけるつもりである。

三つ目は、活動内容を積極的に発信することで、短大の知名度、理解度を挙げていくということである。学長就任が決まった一昨年の暮れ頃からは、意識して新聞の地方版を見ていたのであるが、この短期大学の記事は、入学式などのお決まりのイベント以外はほとんど紙面に登場してこないのである。かつては評価が高かった短大でも、継続して露出されていないと、どんどんと知名度は落ちていってしまうものである。

これではいけない思い、昨年度は思いつくと取材依頼をしていたので、月に1、2回程度の頻度ではあるが、記事が載るようにはなったのである。それを今年度はもっと計画的に、頻度高く行うよう準備を進めている。情報の発信先としてはマスコミが中心とはなるが、それだけでなく、大学を取り巻く関係者である高等学校や就職先の企業等、また、保護者や同窓生といった人たちも含めていく予定である。

最も信頼性の高い広報媒体は口コミである。いい口コミを、どんどんと広めていきたいと考えている。

2 新年度の計画を策定⑵

◆引き続き2016年度の計画は

　2016年度の四つ目の基本方針は、教職員の能力開発である。これまでもFD（ファカルティ・ディベロップメント、大学教員の授業力向上を図る取り組み）と銘打った活動をやってきたようではあるが、目的もあまり明確でなく、その振り返りも成果の検証も行われてこなかったようである。教職員の能力開発というものは、すぐに効果が表れるものではないし、効果的な能力開発方法に関してのノウハウに関しても十分な蓄積があるとは言えない状況なので、どうしても先送りになりがちである。

　しかし教職員の能力開発は、『７つの習慣』（スティーブン・R・コヴィー著）の第７の習慣である「刃を研ぐ」ことに該当するものであり、刃を研がないまま使い続けることは、やがてはその切れ味を悪くすることになる。中長期的な成果を考えるならば、教職員の能力開発は不可欠なことといえるのである。2017年度よりSD（スタッフ・ディベロップメント、大学教職員の能力向上を図る取り組み）が義務付けられることになったわけであるが、その重要性を考えるならば遅すぎたとの感もあるぐらいである。

　では大学の実情はどうかといえば、FDは一応実施しているが、SDに関しては組織的な活動には至っていないというところが多いのではないだろうか。私の短期大学を見ても、単発のFD活動はあるが体系的なものにはなっていないし、SDについては業務別の研修会への参加を認めるという程度のものとなっている。FDに関しては、研修すべき内容が比較的明確であるのに対して、SDは何をしたらいいのか見当がつかないということも、実施状況を分けている理由かと思われる。

　このような状況の中で、かねてから考えていた大学職員の能力開発に関する本として、『戦略的大学職員養成ハンドブック―経営参

画できる職員力』を著したのであるが、その中で職員の能力開発に意欲的に取り組んでいる大学を紹介する機会を得ることができた。いくつかの大学を取材してみて感じたことは、職員に自分がこの大学を動かしていく権限と責任があるという意識、いわゆる当事者意識を持たせるということと、職員の成長を本人に自覚させるとともに、周りもそれを認めていくという仕組みをつくっているということが共通の要素であった。

　これまで職員が意欲的に能力開発に取り組んでこなかった理由の一つには、能力を発揮できる機会が無かったということもあったように思われる。非常に恵まれた環境下にあった大学においては、授業をきちんと行ってさえいれば、後は大学がやりやすい運営をしていればよかったので、教員や教授会が大学の運営を担うことに何の問題もなかったわけである。そのため、教員が決める人、職員は決められたことを行う人という役割分担が暗黙の裡に定められ、職員の能力発揮の場というものが得られにくい状況が続いていたといえる。

　それが、選ばれる大学にならないと生き残っていけないという厳しい環境に変わり、大学の進むべき道を描かなければならなくなると、その担い手として、常時大学にいて、いろいろなステークホルダーと接することの多い職員がクローズアップされてきたのである。その意味で、これからは職員力が大学の状況を左右することになると思う。私の短大でも2016年度からFDとSDを管轄する委員会を新たに設けた。そこで教職員の能力開発の基本設計を考えてもらおうと思っている。

◆**地域社会との連携**

　基本方針の五つ目は、地域社会との連携、地域貢献である。この活動の目的は二つあり、一つは地域社会に大学の活動を知ってもらい、信頼感、親近感を持ってもらうということである。そして二つ目は、社会との連携という取り組みの中で学生の成長を図るという

ことである。

　地域の人たちに理解してもらい、この短大がこの地域にあって良かったと感じてもらうための活動として、これまでも行ってきた公開講座やクリスマス関連のイベント、未就園児を持つお母さんのための子育て支援プログラムといったことに加えて、今年度は地域社会のニーズに基づいた新しい活動も開始していくことを予定している。

　また、地域社会にあり、短大にとって就職先でもある企業や幼稚園、保育所、施設といったところとの連携も積極的に進めていきたいと考えている。短大の教員を派遣することや人事担当者や園長といった人たちに短大に来てもらうこと、共同の学びの場を設定するといったことなども計画している。

　二つ目の目的である、学生の成長を地域連携の中で図るということに関しては、頭を悩ませているところである。どのような面での成長を図りたいのか、図れるのかということでいえば、学生の社会力ということである。社会力と一口に言っても非常に広い概念であるが、短期大学での２年間の、しかもその中の限定された期間で養成するということを考えるならば、あまり欲張ることはできない。

　今、考えているのは、まずは節度ある、相手に好感を持ってもらえるような対応力の養成である。そしてもう一つ望めるのならば、相手の意見を理解したうえで、そこに自分の意見を重ねていくことのできるコミュニケーション能力ということである。これらの能力を養っていくためには、何がしかのプロジェクトを地域社会の人たち、地域の企業や組織の人たちと共に遂行していくといった活動が望ましいのではないかと考えている。いろいろな人と会う時には、このアンテナを常に立てて、適切な機会を探しているところである。

◇**風土づくり**

　基本方針の最後は、風土づくりである。これについては全面的に

第４章　基本戦略を活動につなげる　**91**

私が担当することになる。昨年度も、この風土づくりについては力を入れたつもりではあるが、長い時間をかけてつくられた風土であるから、変えるのも長期戦で取り組む必要があると考えている。

　風土に限らず、何かを変えるという場合には、目指すべき状態と現状を明確にして、その両者の間のギャップを解消していくということが必要となる。目指すべき状態とはどのようなものかといえば、教職員みんなが、この短大を担っていくのは自分たちであるという当事者意識を持っている状態、学生の成長やその成果としての就職面等において優れた実績を上げ、地域社会に必要とされる短大としていきたいという情熱を持っている状態、そして、教職員が協力し合い、刺激し合いながら業務を遂行している状態といったことになる。

　これに対して私が学長に就任した時の状況はどうかといえば、この短大を動かしているのは自分たち以外の力であり、自分たちが何か言っても、それを変えることはできないという意識、すなわち当事者意識とは対極にあるような状態であった。そして、教職員一人ひとりは、極めて真摯にそれぞれの業務に取り組んでいるのではあるが、何かを目指して取り組んでいるということではなく、目の前の、毎年行っている業務を処理しているという状況であった。この状態は、すぐに爆発するような大きな不満があるわけではないし、日常の業務自体はつつがなく遂行されているので、現状を変えようという強いエネルギーが生まれにくい状況であったともいえる。

　ここから動き出し、目指すべき風土の組織としていくために必要なことは、明るい未来を描くこと、そして自分たちが意見を言い、改善のための行動を起こすことで明るい未来に近づけるということを体感してもらうことだと考えている。

3　情報を効果的に発信

◇朝、エンジンをかけるためには

　現在の働き方であるが、研究会に参加したり、依頼された講演等があったりする日以外は原則として大学に出勤している。昔のように短期大学が恵まれた環境下にあった時代であれば、週に何日かの勤務ということでも学長職として十分に対応できたのであろうが（実際、そのような勤務状況も少なくなかったようである）、現在のように厳しい環境になってくると、常に何かできることはないかと模索し、手がけた活動の進捗状況を見守る必要があるので、あまりゆったりとした働き方はできないと感じている。

　朝、職場に着き、学長室に入った時に、体調も良く、テンション高く意欲十分という日もあるが、そうでない日もある。前者であれば問題ないのであるが、後者の場合であると、集中力にかけるため考えもなかなかまとまらず、何となく時間を過ごしてしまうということもある。これでは、何の改善、進歩にも結びつかない時間の浪費といえる。このような状況をできるだけ防ぐために、最近は出勤後の行動の定型化を図っている。

　作業興奮といわれているもので、とりあえず何か行動を始めることで、やる気を引き起こすというものである。私の場合は、まずはお茶を入れることからスタートする。次に、アロマディフューザーのスイッチを入れ、朝用に調合されたアロマの香りを室内に漂わせる。それから、朝一番に読むと決めている本を読み始めるという具合である。作業興奮は10分程度で効果が出るといわれているが、この３つの行動をしているうちに、だんだんとエンジンがかかってくるのを感じられるようになった。

　朝一番の行動の定型化を図ることで、後で読もうと思ってためていた書類も無くなり、山積みしてあった業界紙（誌）も、少しずつ山の高さが下がってきている。周りの環境により、行動の定型化が

簡単に図れないという状況もあると思われるが、気乗りしない時であっても、とにかく何かやってみようと試みることは有用だと実感している。

◇活動内容を積極的に発信

　今年度の基本方針の一つに、活動内容を外部に積極的に発信していくということを挙げた。これは新入生に対してアンケートを実施した結果、高校の先生を介して本学を知ったという割合が非常に高かったからである。このこと自体は、高校の先生との信頼関係を示すものであり、悪い要素ではないのであるが、広報面から見ると、それ以外の媒体で、ほとんど本学の名前を知る機会がなかったということも示していると解釈したからである。

　自学の知名度ということに関しては、内部の教職員の認識というものは極めて不正確であるというケースが多いように思われる。自分はもちろん、日ごろ接触している人たちも、皆、その大学のことを知っているので、自学があまり知られていないという認識を持ちにくいのであろう。私自身の場合でも、学長に就任してしばらくの間は、周りの人も本学について良く知らないという状況があったので、所在地についても学園本部のあるところと間違われるというケースも少なくなかった。それが時間の経過とともに、私の周りの人たちも本学のことを知るようになるし、日常、接する人たちも本学のことを良く知っているという人たちが多くなるので、知名度が低いという認識が持ちにくくなってくるのである。また感情的にも、自学の知名度が低いという認識は持ちたくないということも、このような状況に拍車をかけているといえる。

　しかし、適切な戦略を策定していくためには、状況を正確に認識することが不可欠となる。新入生アンケートの結果や、初めて接する人たちの本学認識状況を意識して把握していると、やはり現状の知名度は十分とはいえないという結論に達せざるを得ないのである。この前提に立って、立てた基本方針である。この方針を展開し

ていくためには、具体的な活動計画が必要となる。これを三つの対象に分けて、立案してみた。

　一つは、保護者も含めた一般の人たちへの情報発信である。このためには、本学の活動が新聞などのマスコミで紹介されるということが、最も効果的ではないかと考えた。前にも書いたが、私が学長に就任することが決まってから新聞を意識して見ていたのであるが、本学の記事が載るのは、入学式や卒業式といった季節の風物詩として紹介される記事以外、ほとんどなかったのである。これでは一般の人たちの知名度が低くなるのも当然といえよう。

　マスコミで紹介されない最も大きな理由は、マスコミに対して情報発信しなかったからである。よほどのビッグニュースでない限り、先方から取材に来てはくれないのである。今年度は、マスコミに対してのニュースリリースを担当する職員を一人決め、頻度高く情報発信するとともに、マスコミ関係者との人間関係の構築も図ることとした。年間の目標としては、50回の記事等掲載である。これは、これまでの掲載回数に比べると数倍の数値となっているが、幸いなことに4月の1か月間で6回の掲載実績を挙げることができた。大学全体でも、この50回という目標を意識してもらうように、中間報告や活動促進に努めていくつもりである。

　二つ目は、直接の顧客である高校生や高校の先生に対する情報発信である。高校生に対しては、ホームページやSNSによる情発発信を強化していくと共に、授業という大学の主要商品を知ってもらう試みを強化していく計画である。中断していた出張講義のプログラムも再開し、新たに、土曜日を使って大学の授業を体験して貰うというオープン授業も実施されることになった。

　高校の先生に対する情報発信としては、高校訪問の質の向上を図ることにした。情報発信というものは、こちらが発信さえすれば事足りるということでは決してない。相手にそれが受け取られ、理解されるということが重要なことになる。これまでの高校訪問は、大

学のパンフレットを使って本学の内容を説明し、それで終わりというものであった。訪問後、高校の先生がパンフレットを改めて読むということはおおよそ考えられないことなので、一日経てば説明内容は忘れ去られてしまうということになっていたと思われる。

それを1枚の説明資料をつくり、そこに伝えたい計画や実績を載せ、その資料を使ってポイントのみ説明し、高校3年生のクラス分も渡してくるという方式に変えたのである。ポイントを絞っての説明であれば記憶にも残りやすいし、クラス担任にも渡せる資料があれば、渡してもらえる可能性は低くないと考えたのである。この方法によって、情報伝達の精度を上げることを狙っている。

そして最後の三つ目は、既に本学のことをある程度知っている人に対しての情報発信である。具体的な対象としては、同窓生、保護者、後援団体の人たちである。この情報発信の目的は、口コミをつくりだすことにある。これまでは、同窓生に対しては同窓会が発行する会報が、保護者には短大が発行している学報が、それぞれ年に一度、送られるのみであった。

これでは、本学の活動の詳細を鮮度良く伝えるということにはなりにくい。今年度は、本学の活動や実績を具体的に伝える広報誌を年3回発行し、保護者などの関係者に対して送付する予定である。新たなサポーターをつくることは困難であるが、サポーターの協力度を上げていくことは、それほど難しいことではないと思われるからである。

4　学長の役割を確認

◇学長の存在意義は

非常に少ない数の事務職員で業務を回していると以前書いたが、新年度から学園全体の活動との関係で、さらに1名が減員となった（一時的なもので、近々に補充は予定しているのであるが）。しかも年度末、年度初めの事務処理の多い時期での減員である。様々な

支障が生じることも懸念していたのであるが、何とかつつがなく運営されてきている。組織とはそんなものなのかも知れないと安心するとともに、人の存在意義についても考えさせられた。

例えば今この短期大学で、学長が何らかの理由で不在になったとしたらどうであろうか。どのような支障が、どの程度に出てくるのであろうかということを考えてみた。その結果、日常の運営にはほとんど支障がないだろうという寂しい結論が出てきた。ではリーダーの仕事とは何なのだろうか。それがあまりないのであれば、高い給料を払って（私の場合はあまり高い給料ではないが）、常勤の学長を置く必要はないことになる。

最近の経営学がリーダーに必要な要素として挙げているものに、「トランスフォーメーショナル・リーダーシップ」というものがある。適切なビジョンを描き、その実現に向けて構成メンバーを巻き込んでいくというスタイルのリーダーシップである。私は、この要素が、現在の大学が置かれた状況を考えたときに、最も必要なリーダーシップではないかと考えている。言い換えるならば、これが学長の果たすべき役割であり、これさえきちんとできていれば、高い給料を払う意味があるといえる。

私が描いたビジョンは、卒業後の進路が確かで豊かな短期大学というものである。華やかなビジョンではないが、これが実現できたならば、必ずや地域社会で必要とされる学校になれるという確信のもとに描いたビジョンである。大学の全ての営みが、このビジョンに向けて行われなければならないとするものであるから、研究による社会貢献を旨とする教員にとっては、しっくりこない面もあるかもしれないが、現状の環境をきちんと認識するならば、反対はできないものである。

また、人間、自分にとってのメリットというものが無いと、動き始め、かつ動き続けるエネルギーというものは出てきにくいものである。そこで、このビジョンを実現することで安定した学生確保が

第4章　基本戦略を活動につなげる　**97**

可能となり、安定した収入が得られるようになることで、充実した教育・研究環境が整えられること、教職員それぞれの生活も安定したものとなることを併せて力説したのである。

◇ネットワークを構築する

　リーダーの務めとして、大学を代表して、地域社会とのネットワークを構築することがあると思う。私の住まいやこれまでの仕事の関係上、短大が所在している市に関しては、通過することはあっても、あまり訪れることのないところであるため知り合いも少なく、私自身にとっては馴染みの薄い地域であった。しかし、県内では最も人口の多い市であるし、経済・産業の中心地でもあるため、学生募集や就職面では最も重要な地域といえる。したがって、何としてでも人的なネットワークを築く必要があった。

　特に、コース制をスタートさせ、ビジネスに重点を置くコースに関しては、インターンシップなどの企業との協働を必須と考えていたので、いろいろな企業や団体の人たちと知り合い、親しくなる必要性を強く感じていた。このため、社会奉仕組織に加入して毎週の会合に参加したり、商工会議所関係の会議や親睦会に参加したりなどして、人的ネットワーク構築に努めているところである。今年の初めには、「おかみさん会」という集まりにも出席した。妻からは、なぜそんな会に出席する必要があるのかと怪しまれもしたが、「おかみさん」が主催する会には、地域の産・官・学を代表する「おじさん」たちが多く集まっていて、幅広いネットワークを構築することができるのである。

　このような活動をしている中で感じたことは、学生の社会力を高めるためのヒントが得られることが少なくないということであった。このような気付きを、コース制の学びを展開していく上で、形にしていきたいと考えている。また、異業種の色々な人と交わることで、様々な人生哲学の一端に触れることもでき、自分自身の人生が少し豊かになることや、少し成長できているかなという感じも持

ててきている。やはり、人は人によって豊かにされ成長していくものであると、改めて感じた。

◇ホームページが完成

　昨年度中の完成を目指していたホームページが、2か月程の遅れではあるが、ようやくアップされた。昨年の夏頃だったろうか、ホームページのリニューアルを学内に提案したところ、予算措置がなかったという事情もあっただろうが、現在のホームページの更新を密にし、内容を詳しくすることで対応できるのではないかという意見も少なくなかった。そのような中でリニューアルにこだわったのは、使い勝手を良くしたいということもあったが、何よりも短大が変わっていくということを内外に発信し、特に中の教職員に変化を体感して欲しいという理由からであった。

　そのため、トップページのデザインも大きく変更した。二つの学科のシンボルカラーを設定し、それぞれのカラーの中に学科名を入れ、背景に淡く写真を入れた二つの四角形でトップページを構成するという、大学ではあまり見られない斬新なデザインに仕上がった。時々のイベントなどのお知らせも目立つ形で入れられるようにしたので、訴えかける力も高まったのではないかと自負している。

　そして何よりもうれしかったことは、当初、リニューアルに対してあまり積極的でなかったホームページの責任者である教員が、リニューアルすると決まった後は、実にスピーディーかつ緻密に事を進めてくれたことである。まだまだ全体としてスピーディーな組織となったとは言えない状態ではあるが、部分的ではあってもスピーディーな動きを学内に起こしてくれたことは、いい行動例になったのではないだろうか。リーダーが一人ですべて行動することは、もちろん無理なことである。いかにして積極的な行動をしてくれる人を増やしていけるかが、組織改革の成否を左右することであることを改めて感じた次第である。

◇高校訪問がスタート

　高校訪問を開始するに際して、これまでは書類で入試の変更点などの注意事項を確認する程度であったようであるが、今回はコース制の説明という事項が加わったため、あらかじめ打ち合わせの会議を開いた。コース制の説明内容の共有を図るとともに、これまでの反省点についても意見交換を行った。その中で、高校の先生の質問に答えられないケースが少なくないということが出てきた。

　高校訪問は、情報伝達だけでなく、高校の先生との信頼関係を構築する場でもある。それなのに、高校の先生の不明点を解決できない対応では信頼関係を低下させる恐れもある。そこで今回は、継続して入学者のある高校への訪問に関しては、両学科の教員もしくは教員と職員がペアで当たるという体制とした。

　また、こちら側の説明に終始するのでなく、高校側の状況やニーズも聞き取ってくることをお願いした。市場認識の絶好の機会だからである。しかし中間報告を聞く限り、聞き取りはあまりうまくいっていないようである。一度に、あまり欲張ってはいけないのかもしれない。

5　受験者を増やすためには

◇第1回目のオープンキャンパス開催

　今年度、初めてのオープンキャンパスが開催された。この来場者数には、2017年度から始まるコース制に対しての反応が現れると思われるので、非常に気がかりであった。オープンキャンパスへの参加は、事前申し込みが原則となっているので、開催前におおよその参加者が判明することになる。当日の朝までの事前申込者の数を尋ねたところ、昨年とほぼ同じであるという。やはり、そう早く反応は現れないものかと自分を納得させはしたが、正直なところ、少し落胆した。

　オープンキャンパスの当日は、学園の理事会があり、私はそちら

に出席しなければならないため、残念ながら参加できない状況であった。しかし、非常に気かがりであったので、会議中にメールで参加状況を問い合わせてみた。しばらくして返事が来た。もともとあまり多くない参加者数ではあるが保護者を含めると前年同時期比２倍で、高校生で比較しても1.5倍以上の伸び率であった。

　もちろんオープンキャンパスの参加者増が、そのまま受験者増となっていくかどうかは保証の限りではないが、これまでの状況を見ていくと、概ね比例していることが分かる。また、初回の好調さがその後も継続していくかどうかということも、同じく保証されているわけではないが、これもこれまでの状況を見ると、初回に参加者が多かった年は、全体の参加者も多くなっていることが分かる。このことから見ると、学生募集の滑り出しは、比較的、好調と判断してもよいのではないかと感じている。

　そして、この良い状況を継続していくために、引き続いてコース制開始の告知をしていくことが必要となる。交通広告で行くのか、新聞、ラジオ、もしくはそれらの合わせ技で行くかを早急に決め、実行していかなければならない。受験生が進学先の候補を決め、それらの候補を調査・比較し、どこに行こうかということを決断するプロセスは、それほど長くはないからである。

◇**受験生の行動プロセスを考える**

　受験生を増やしたいということは、どこの大学でも強く願っていることではあるが、一つの方策でそれを達成できるような「超効果策」は残念ながらない。受験者層が自学の受験者となり、それが入学者となっていくためには、いくつかのプロセスをクリアする必要がある。言い換えるならば、それぞれのプロセスをクリアできる活動を実践していくことが、受験者、入学者を増やすためには不可欠ということである。

　順を追って考えていくことにする。受験生が進学先を選択していくプロセスの最初は、「その学校があることを知る」ということで

第4章　基本戦略を活動につなげる　**101**

ある。知らなければ、選ばれようがないからである。短期大学の場合、対象となる受験生は限定されたエリア内ということになるので、知られているという確率は高いといえるが、単に名前程度を知っているというのではなく、進学先とすべきかどうかを判断するために必要な情報を知っているということが必要となる。すなわち、学べる学問分野、所在地、取得できる資格、就職実績等に関しての知識を持ってもらうということが必要となる。

このためによく行われているのが、受験雑誌や受験ウェブへの自校情報の掲載や、新聞への広告掲載、駅構内への看板設置、電車内のポスター掲示といった直接に受験生に情報を伝える活動と、高校訪問などにより高校の先生経由で間接的に情報を伝えてもらう活動である。本学の場合、新入生にアンケートを取ったところ、高校の先生経由で詳細を知ったという答えが圧倒的に多かったのである。

これは、高校の先生が本学のことを理解してくれていること、高校の先生との間に良い関係性が築かれていることを示すものなので、これ自体は良い要素なのではあるが、裏を返せば、それ以外の媒体ではあまり知られていないということを示していると考えられる。そのため、マスコミ等への情報提供を積極的に行い記事にしてもらう活動や、中断していた電車内へのポスター掲示、新聞広告、ラジオCMなどを行うことを考えている。

二番目のプロセスは、「その学校に興味・関心を持つ」ということである。中身を知ったけれど、興味・関心を持たなかった受験生は、この段階で、当該学校の受験プロセスから離脱することになる。言い換えれば、知ってもらうと同時に、いかにしたら興味・関心を持ってもらうようにできるかが、大きな分岐点となる。ここで必要となるのは、自校のターゲットの、ニーズ等に関する認識である。この認識が適切でないと、受験生がそれほど重視していないことを強調する、ピント外れのアピールとなってしまうからである。

ここで受験生のニーズに合致した適切なアピールをすることで、

その学校に対して興味・関心を持つ受験生の比率をできるだけ高くし、次のプロセスにつなげていく必要がある。そのためには、常に市場や顧客のニーズを把握し、自校の強みを考えていくということが重要である。

　本学では、従来、受験生等に対してのアピールとして、「真理・正義・平和」というキャッチコピーを使用していた。これは、このような価値観を持つ人を育てたいという本学の人材育成の目標を示すもので、その内容自体は素晴らしいものである。そして長期的な視点に立つならば、これは受験生や保護者のニーズにも合致するものと言えようが、抽象度が高いので、現在の興味・関心につなげていく機能としては、極めて不十分と思われた。

　そこで、このアピールを「就職にも進学（四大編入）にも強い短大です」と変更したのである。これは、受験生や保護者の現実的なニーズが卒業後の進路の確かさであり、本学にはそれに応えうる就職実績や編入実績があったため、それを極めてシンプルに表現したものである。もちろん計測は困難であるが、このキャッチコピー変更により、本学の強みが明確になったことは確かであろうと思っている。

　三番目のプロセスは、興味・関心を持った複数の受験候補校を、より詳しく調べて比較するプロセスである。この際に利用されるのが、オープンキャンパスやホームページである。ホームページは今回リニューアルし、伝える力はアップしたと思うが、オープンキャンパスの実施方法に関しては、まだまだ改善の余地があると感じている。

　口や手を出したいところは少なからずあるのではあるが、組織の成熟度を上げるということを考えるならば、当事者に考えてもらう方が良策といえる。そして現状、戦術としては今一歩であっても、携わっている教職員が参加者に対して極めて真摯に対応してくれているため、好印象を与えられているように思えるので、しばらくは

第4章　基本戦略を活動につなげる　**103**

担当者に考えてもらうようにする予定である。

　この三番目のプロセスで勝ち残ることが、受験へとつないでいくためには不可欠となる。そして、このプロセスで大切なことは、その学校の魅力を余すところなく伝えていくということである。これまでの学校の広報活動を見ていると、この点が不足しているのではないかと感じている。例えば学生支援に関しても、各学校で様々な活動が行われていると思われるが、それを具体的かつ詳細に、ホームページ等で紹介している例は少ないように思われる。学校としての品格は保ちながらも、良い点はすべて伝えてあげることが、適切かつ親切な広報活動といえるのではないだろうか。

6　ロジカルな広報活動

◇第2回目のオープンキャンパスは

　2回目のオープンキャンパスが開催された。第1回目のオープンキャンパスは幸いにして来場者が昨年に比べて増えたと書いたが、今回も幸いにして昨年を倍近く上回る（といっても昨年の参加者数が少ないので）参加者を得ることができた。また、両学科の参加者の割合も昨年に比べると変化していた。キャリアデザイン学科は四大編入状況が大変良好なため、それがかえって災いして、早い段階から受験を検討するという受験生が少なく、例年、前半のオープンキャンパス参加者は、もう一つのコミュニティ子ども学科に比べると非常に少ないという状況であった。それが今回、保護者まで含めるとほぼ同じくらいというところまで、比率が増えてきたのである。

　今回のコース制開設の狙いは、学ぶ内容や卒業後の進路を明確にすることで、学ぶ側にとっても教える側にとっても目指すべき人材像を明確にするというものであるが、その効果は、キャリアデザイン学科の方により表れることを期待していた。なぜならば、コミュニティ子ども学科の方は、幼稚園教諭、保育士の両免許を取得するということが必須となっているため、コース制といっても各コース

に顕著な特色は付けにくいという事情があるが、キャリアデザイン学科に関してはそのようなことがないため、各コースの違いを比較的鮮明に打ち出すことができるからである。そしてそのことによって、四大編入以外の進路である、就職の確かさをアピールすることができると考えたのである。

　今回の参加状況を見る限りでは、それがある程度成功しているのではないかと感じている。前にも書いたとおり、その学校や学科の存在を知った時に、興味を持ってもらえるかどうかが、受験へとつないでいくためには不可欠なことである。そしてそのためには、受験生が興味を持てるかどうかを判断できる程度の具体的な内容告知が必要であり、その数も多い方がいいということになる。

　その意味で、これまでキャリアデザイン学科という、抽象度の高い、中味の分かりにくい学科名を単独でアピールしていたところを、中味の分かりやすいコース名にして、しかも４つアピールできるようにしたことの効果が表れてきているのではないだろうか。

◇オープンキャンパスの改善に向けて

　パンフレットやホームページなどについては、私の意向を反映して改善を施したのであるが、オープンキャンパスに関しては、まだほとんど手つかずの状態であった。一生懸命やってもらっているところに注文を付けすぎると、かえって意欲を減退させてしまうのではないかという懸念もあったし、来場者に対する親切な、きめ細かな対応という面では優れたものであったので、総合的にはマイナスはないであろうとの判断もあったのである。

　注文を付けたかったことはいろいろあるのではあるが、主要なものとしては、在学生との効果的な接触機会を増やすということである。そのような話を以前にした際には、キャンパス案内などの、様々な機会に在学生と話ができるようになっているという回答であったが、見ている限りでは、それではどうも不十分に思えたのである。

それが今回、オープンキャンパス当日の打ち合わせに参加したところ、学生スタッフのリーダーが新しく設けられていて、学生スタッフの意見により、今回から在学生との懇談タイムを設けることになったというアナウンスが行われたのである。また、これまで行われていなかった学生スタッフとの反省会を終了後に行うので、そこで必ず意見を言えるように、問題意識を持ってオープンキャンパスに従事するようにとの注意も、広報スタッフにより行われたのであった。改善提案を言いたい気持ちを抑えておいて良かったと感じた瞬間であった。

大日本帝国海軍の司令長官である山本五十六氏が残した有名な言葉に、「話し合い、耳を傾け、承認し、任せてやらねば、人は育たず」、「やっている、姿を感謝で見守って、信頼せねば、人は実らず」というものがあるが、学生スタッフへの委任も含め、まさにこのことを強く感じたオープンキャンパスであった。

リーダーには、基本的には任せることを原則としつつ、自主性を侵さない雰囲気の中で適切なリードを行うという、演技力が必要である。いい意味で、役者であるべきであると考えている。

◆ロジカルに考えること

アピールの仕方や、前に述べた受験生のプロセスを考えることなども含めて、これからの大学経営、学生募集活動においては、いろいろな対応策をロジカルに考えていくことが重要であると感じている。大学は、これまで長い間、非常に恵まれた環境の中にいたため、学生募集といったことについて、きちんと考える必要がなかったといえる。その習慣が、募集環境の厳しくなった今でも続いている例が少なくないように思えるのである。

ロジカルに考えるとは、いろいろな要素があるが、文字どおりに解釈すれば論理的に考えるということである。論理的に考えるとは、きちんと考えるということであり、そのためには、いろいろな視点から考える、分析的に考える、総合的に考える、これまでのや

り方を踏襲するのでなく、さらに良い方法はないかと批判的に考えるといったことが必要になるのである。

　例えば、高校訪問の仕方についてもそうである。パンフレットを持参して、それを使って一方的に説明をして帰っていく、というようなスタイルの高校訪問が今も行われているという話を高校の先生からよく聞くことがある。このようなことに関しても、訪問している側は何の疑問もなく行っているというケースが多いと思われるが、訪問される側の立場で考えてみるならば、知りたいことを要領よく伝えてくれる訪問が望ましいといえる。

　では高校の先生が知りたいことは何かといえば（この点もきちんと把握する必要はあるが）、まずは自分の高校から入学した学生の現状がどうなっているかということであろう。その他のことでいえば、その大学の教育や支援の仕組み・特色、その結果としての就職などの実績や、学生の成長状況といったことであろう。そして、これらのことを要領よく伝えるということも、先方のニーズに対応することとして求められることになる。

　大学のパンフレットについても然りである。主体性のないまま、制作業者任せにしているというようなことはないだろうか。相手はプロだから任せておけば安心といった意識もあるかもしれないが、これもきちんと考えてみれば分かることであるが、制作業者はその大学のことはほとんど知らないのである。それゆえに、その大学の良さを最も効果的に伝えるべきキャッチコピーが、「夢を描く４年間」といったような、当たり障りのない、一般的なものになってしまう例が多いのである。高いお金を出して、個性をわざわざ埋没させているという愚行になってしまっていては、非常にもったいない話といえる。

　同様に、ホームページも学生募集の重要なツールという面から、再考してほしいところである。よくあるあのトップページ、項目メニューが本当に見る側にとって適切なのか。本当に知りたい情報が

第４章　基本戦略を活動につなげる　**107**

分かりやすく詳細に表示されているのか。競合校との差別化といったことを、考慮しているかといった点について、ロジカルに考えることが必要だと痛感している。

7　自学なりの成功ストーリーを描く

◇マーケティング的視点から広報活動を考える

　自分の今後のスケジュールを作成するため、いろいろな行事等の日程の確認を行っていた。その一つとして、日本私立短期大学協会のホームページを開き、総会等の日程確認を行っていた。何気なくページ全体を見ていたら、会員校というリンクが目に入ってきたので、そのリンクをクリックしてみた。

　ランダムに、その中から10校の短期大学を選び、どのような短大なのかを知るために各校のホームページを閲覧してみた。時節柄、多くの短大ではトップページにオープンキャンパスの案内が掲載されていた。各校がどのような学科を開設しているのかは、多少の所要時間の差はあっても、比較的すぐに分かるのであるが、どのような人を育てる短大で、どのような強みを持っているのかといった自学の強み、特色を、見てすぐ分かる形でアピールしていたのは、何と１校だけであった。サンプル数が少ないので、これが全体を正確に表す比率ではもちろんないであろうが、それほど多くはないということだけは言えるのではないだろうか。

　例えば、私たちが日常的に買い物をするときのことを考えてみると、必ずどれを買うかという、選択のプロセスがある。高いものを買うときのように、その選択プロセスの時間が長い場合もあれば、日用雑貨を購入するときのように瞬時に選択が終わるという場合もある。そのいずれにしても、買う側の中に一定の基準とその重み付けが定められていて、その基準を選択の対象となっているいくつかの候補に当てはめ、自己の基準とその重み付けに最も適合したものを決定し、購入というプロセスへと進むことになるのである。

ここで重要なことは、選ぶ側が、自己の持っている基準に当てはまるかどうかを判定するに足る程度の商品情報、特性を、選ばれる側が発信しているかどうかということである。これを発信していないとしたら、そもそも選択の候補として選ばれないという恐れも十分にあるし、運良く候補になったとしても、選ぶ側にとって既に分かっている情報である、価格とかパッケージといったことで判断されてしまうからである。

　これを、大学を選択するプロセスに当てはめて考えてみると、どうだろうか。どの大学を受験するかについて、早い段階でここ一本と決める受験生もいるであろうし、最後まで迷っているという受験生もいることと思われるが、いずれにしてもいくつかの大学を対象として、その中から受験校を選択するというプロセスは必ず存在することになる。その際に、各大学が自校の強みや特色といったことを明確にアピールしてくれていれば、それを参考にして選択することができるのであるが、そのようなアピールがないと、一般的に知られている情報である偏差値、イメージ、自分が体験したオープンキャンパスでの雰囲気といったもので決めることにならざるを得ないのである。

　各大学が少なからぬコストをかけて、パンフレットをつくり、ホームページをつくり、受験雑誌や受験サイトに参加し、駅や電車内に広告を出しているのは、まさに自校の強み、特色を伝えるためだと思う。せっかくの投資、しかも本来であればその多くが教育に使われるべきものと思われる投資を、無駄にしないような広報活動を行うことは、大学の義務でもあるといえる。

　本学の場合、私が関わってからは、継続して「就職にも進学にも強い」ということをアピールしてきたつもりである。その効果は、受験者数の推移にも表れていると思われるし、以前、キャリアコンサルティング活動を一緒にしていた人に久しぶりに会った際に、「あの短大は就職状況がいいんですってね」と言われたことからも、

第4章　基本戦略を活動につなげる　**109**

少しは伝わっているのではないかと感じている。当たり前のことではあるが、言わなければ分からないし、言い続けなければ伝わらないのである。

◇目を内に向けること

　昨年の4月、この短大の学長に就任した時に最優先すべき事項として考えたものは、やはり学生募集状況の向上・安定ということであった。そしてその時に頭に浮かんできたことは、人文・社会系の短大で定員を確保できている大学はどこで、どのようなことをしているのだろうかということであった。

　このように、何かをなすべきときにまず考えることが、そのことに関しての成功事例ということである。コンサルタントとして関与していた際にも、この案件に関しての成功事例を教えてほしいという依頼は、非常に多かったように思う。やってみなければ、どうなるかは分からないことであるし、これなら大丈夫という自信を持てる基準というのもなかなかないので、どうしても成功事例を求めたくなるのである。

　もちろん、過去にどこかで成功した例があるから、今回も大丈夫というわけにはいかないし、成功事例の陰には、その何倍もの失敗事例があると考える方が正しいと思われる。それにもかかわらず成功事例を求めるというのは、わずかでも頼りになるものが欲しいということのほかに、成功事例に従ったという大義名分が得られるということも、理由の一つにあるのかもしれない。

　私がかつて所属していた大学が定員割れとなり、そこからの回復を図った際に用いた施策の一つに「資格特待生制度」というものがあった。これは、入学前に英検2級等を取得した人に対して、授業料の全額を、しかも継続審査付ではあったが4年間免除するという制度であった。この制度によって優秀な入学者が集まり、その結果、就職状況も良好となり、社会での評価が高くなり、入学者が増加し、定員割れから回復することができたのである。

110

この結果を見て、いくつかの大学からの問い合わせがあったり、問い合わせはなかったが同じような制度を設ける大学が出たりした。それらのすべての結果を把握しているわけではないが、多くのケースでは期待していたような成果は上げられなかったようである。なぜ成果が出なかったのかといえば、違う舞台に同じ役者を登場させたからである。相手役も違い、環境も違う中で、同じ演技はできないのである。「資格特待生制度」は、入学後も英語を学び続けたいと考えている人たちが対象であり、大学にも英語を十分に学べる環境がある、といった条件が必要になるのである。そのことを考えないで制度だけを導入しても、成果は期待できないのである。

　もちろん、成功事例を知ることは無駄なことではなく、むしろ有用なことであるが、それを自学に当てはめて考える際には、自学そのものと自学を取り巻く顧客や市場といった環境をもとにして考えていく必要がある。外にあるものには目を向けやすいのであるが、戦略を策定するに当たって重要なことは、目を内に向けることである。

　内にある優れたものは何であるのか、自学の学生はどのような状況にあって、どのようなニーズを持っているのか、自学を取り巻く様々な環境はどのようなもので、今後どのようになっていくのだろうか、といったことを十分に考える必要があるのである。そして、その中から出てきたものを活動として展開していくときに、成功事例を参考にすることは極めて有用なことといえる。

　戦略は内側から溢れ出るものでなければならないと思う。そうでないと、活動として開始したときに、よどみなく流れていくことができないからである。

8　仕組みをつくり動かす

◇少人数で面倒見がいい

　私が今の短大の学長に就任した際に、この短大の「売り」は何で

すかと尋ねたことがあった。返ってきた答えは、「少人数教育」で「面倒見がいい」ことですというものであった。ここでいう「少人数教育」とは、一人当たりの教員が指導する学生数が少ないということや、授業が比較的少ない受講者で実施されているということを意味しているものと思われる。そしてこのような「少人数教育」だから、当然、「面倒見がいい」ということになるというストーリーだと思われる。

　後者の意味での「少人数教育」ということでいえば、小規模な大学ではそれが行われているといえるであろう。なぜならば、小規模の大学の場合であっても、ある程度の選択の幅を持たせるためには、ある程度の数の授業を開講せざるを得ないため、授業は比較的少人数で行われることになるケースが多いからである。私の授業も昨年は50名程度の受講者であったが、今年は開講科目の多いコマに移動したため、20名程度の受講者という状況となっているので、「少人数教育」と称してもいいであろう。

　では前者の意味での「少人数教育」は、いかがであろうか。これは教員数と学生数の比率ということなので、小規模な大学が必ずしも手厚い状況になっているとは言えない。小規模な大学は学生数も少ないが、教員数も少ないからである。この比率に関する調査結果を見ても、私立大学に比べて国立大学の方が良好な比率であるし、私立大学においても規模とは必ずしも比例していないからである。

　また、二番目に挙げられた「面倒見がいい」とは、具体的にはどのようなことを意味しているのであろうか。いわゆる面倒見がいいランキングを見てみると、上位にランクされているのは、学生の成長を支援する仕組みが機能していて、その結果、それなりの成果が出ている大学のようである。そうであるとしたら、面倒見がいいかどうかの評価ポイントは、学生の成長を支援する仕組みが機能していて、それなりの結果が出ているかどうかということになる。親しく声を掛けたりはしてくれたけれど力が付かなかった、就職できな

かったという状況では、面倒見がいい大学とは評価されないのである。

　あくまでも推測ではあるが、この「少人数教育」で「面倒見がいい」というフレーズは、小規模大学のほとんどが使っているものではないだろうか。そうであるならば、大学の主要な広報活動の一つである高校訪問の際にも、必ずこのフレーズが使われることになり、受け手である高校の先生にとっては聞き飽きた、空虚なメッセージとして受け取られているのではないだろうか。おそらく心の中では、「どんな仕組みが働いているのですか、結果はどうなんですか」という問いがつぶやかれているのではないかと思われる。

　私の短大でも、「うちは面倒を良く見ていると思う」という言葉を聞くことが良くある。では、そのためにどのような仕組みがあるのかと問われると、残念ながら明確な答えは出てこない。それでは顧客である高校の先生には伝わらず、結局は自己満足に終わることになってしまう。とはいっても、学生の成長を支援する仕組みをつくるということは、そう簡単にはいかないことである。

　次年度から2つの学科の中にそれぞれ4つと3つのコースを開設することにしたわけだが、仕組みづくりをできるだけ迅速にできるようにするという目的も、このコース制開設にはあるのである。例えばグローバルキャリアコースであれば、一定レベルの英語力を養成するというように、学生に付けさせるべき力を明確にすることで、仕組みをつくりやすくするという狙いである。

◇エンロールメント・マネジメント

　10年前くらいであろうか、エンロールメント・マネジメントという言葉が注目されるようになった。アメリカの大学で実践されたもので、入学前から卒業後まで、大学の各組織が連携・協働して学生生活、学生の成長を支援するという、総合的な学生支援策を意味するものである。その意味では、まさしく面倒を良く見るための仕組みづくりといえる。

日本でもいくつかの大学が、このエンロールメント・マネジメントを取り入れていて、それなりの成果も挙げているようではあるが、当初に予想していたような各大学への広がりは、あまり見られないようである。もちろん多くの大学が行っている入学前教育や初年次教育などにも、この要素は含まれているのであるが、全面的な導入事例はあまり増えていないようである。

　面倒見の良さを標榜する大学であれば、すぐにでもこのエンロールメント・マネジメントを取り入れればいいと思われるが、現実はそうなってはいない。それはなぜかといえば、大学の各部門の合意が得られないと導入することが難しく、仮に強引に導入しても成果が期待できないからということもあるが、何よりもこれらのことを考えると、取り入れるのが面倒であるということではないだろうか。変な話ではあるが、確かに本当に面倒見の良い大学にするのは非常に面倒であるということが言えるのである。

　私も、小さい組織ながらそのトップに立ってみて感じていることは、組織を自分の思った通りに動かしていくということは、非常に面倒であるということである。当たり前のことではあるが、自分の考えを２、３度伝えただけでは全く浸透しないし、全く反対の方向を志向するような行動が出てくることもある。このような中で必要なことは、小さくてもいいので目に見える成果を出していくことだと考えている。少しではあるが、何となくいい方向に変わっているようだという実感を持ってもらうことが、リーダーシップを発揮するには最も効果的であるように思う。

　私の短大も、冒頭に書いたように面倒見の良さを標榜してきた短大である。面倒見がいいということは、短大を希望するような受験生にとっては、重要な要素であることは間違いない。これをいかに実質化していくかということが、これからの課題となる。次年度のコース制開設に合わせて、このエンロールメント・マネジメントの考え方を取り入れたコース設計をしていきたいと考えている。その

ために必要なことが、仕組みづくりと、仕組みを動かしていく教職員の納得と合意ということになる。

エンロールメント・マネジメントを導入している大学で出てきている課題は、多くは後者のようである。仕組み自体は知恵を集めて考えることで何とか設計することができるのであるが、肝心な運用の段階になると、各部門が目的を共有した連携・協働が実現しないということである。この課題をどのように解決していくかは、これからの私の課題ということにもなってくる。

これは、もちろんやってみないことには分からないことではあるが、抽象的なものではあるが、私自身、一つの仮説を持っている。それは、エンロールメント・マネジメントを担当する各部門の教職員にとって、メリットの感じられる制度設計にしていくということである。部分最適を志向してしまい、他部門との連携・協働が行われないのは、それが手間のかかることである割には自部門にとってのメリットが感じられないからである。この仕組みづくりに、これからの半年間は、頭を絞っていこうと考えているところである。

9 信念と執念

◆二年目の夏になった

この短大の学長に就任して一年が過ぎ、二年目の夏になった。6月の教授会で、2015年度の各委員会の目標達成状況を確認し、7月の教授会では今年度の各委員会目標を確認した。FD、SD、ファシリティ・マネジメントなど、必要と考えていた委員会も新設し、活動を開始することもできた。また、市場理解の一環として、就職先の企業等に対して、本学卒業生の状況等に関して意見を聞く趣旨のアンケートも、ようやく今年度実施が決まった。

もちろん、委員会の目的を再確認し、活動目標を設定することで、急激に活動内容が変化するということは、ありえないことではあるが、目的や目標を意識してもらうだけで、委員会の計画策定や

第4章 基本戦略を活動につなげる **115**

活動の展開に際しての拠るべき基準ができることになるので、これまで行ってこなかった新規の領域の活動も計画されるようになってきたように感じている。

　少し活気に乏しいと感じていたキャンパスも、挨拶の声が以前よりも元気に飛び交うようになり、訪れる人からも、「学生さんに元気に挨拶をされましたよ」という話を聞くことも増えてきたように思われる。入る年と出る年の２年間しかない慌ただしい短大生活なので、クラブ活動の活性化を図ることも難しいことではあるが、新しいクラブをつくりたいという気持ちを教職員が共有していたということもあってか、学生や教員から、和太鼓や吹奏楽の活動を開始したい旨の提案があり、吹奏楽部については結成の運びとなった。

　提案当初は、10数名の活動希望者に対して楽器が３本しかないというような状態で、活動開始までにはまだしばらく時間がかかると思われたが、市内の楽器店から、当分の間、楽器を貸し出してくれる旨の申し出があり、無事スタートすることができたのである。「Where there is a will, there is a way.」と言われているように、意思を持ち続けていれば、道が開けることがあると感じた次第である。

　経営コンサルタントとして学校の経営支援にあたっていた際にも、理論に基づいて戦略を策定するということは、もちろん大切なことであり、実際にもそのように行ってきた。しかし戦略の展開に際しては、予想できなかった環境の変化もあるし、思うように組織が動かないといった事態も出てくる。そのような時に必要なものが、自分の戦略に関しての信念と、達成に向けての執念であると、つくづく感じていた。自分が内部のリーダーとして行動している今、それはなおさらに必要なことであると痛感している。

◇音楽セミナーを開催

　昨年思い立って、急遽、開催した音楽セミナーを今年も続けて開催した。これは幼児教育分野を志望している高校生のための講座

で、保育者にはなりたいけれどピアノを全く弾けなくても大丈夫だろうか、あるいは現在の技術レベルで大丈夫だろうか、という不安を持っている高校生に、必要とされる技術レベルの解説と、その修得を図るというプログラムである。

昨年度は初めてということで認知度も低かったせいであろうか、定員に達しない少人数の参加者であったが、その満足度は非常に高いものであった。そこで今年度は告知を早めに開始し、募集を開始したところ第1回目はほぼ定員近くの応募者を得ることができた。そしてつい最近、2回目を実施したところであるが、2回目も昨年を上回る参加者を得ることができた。

きちんと考えた施策であれば、初回に反応が見られなくても、そこであきらめずに続けることで、徐々に成果は表れてくるものである。これからの大学経営においては信念と執念が必要であると前述したが、これまでの大学は、様々な活動に関してあまりにもあっさりし過ぎていたのではないだろうか。

例えば広報面においても、大学名とオープンキャンパスの日程のみが載っていて、その大学の魅力、強みに関してのアピールが全くないポスターや広告が掲載されているというケースも少なくない。この機会を活用して、少しでも多くの受験生に魅力を感じてもらうためにはどうしたらいいかということを真剣に考え、行動に移していくといった、鬼気迫るような迫力が感じられない例が多いように思われる。

私の短大の教職員にも言っていることであるが、「この程度でいいだろう」という感覚は捨てる必要があるということである。そのような感覚で活動していて、選んでもらえるような環境ではないし、そのようなポジションにはいないからである。全力を出し切ることで、初めてその活動が少し理解される程度なのである。「この程度でいいか」という活動では、「この大学でいいか」という学生しか集まらないのである。

第4章 基本戦略を活動につなげる **117**

◇学生の話を聞く

　学生の声は、アンケートという形では集めているのであるが、アンケートだけでは全体の傾向はつかめても、具体的な状況や微妙なニュアンスを把握しにくいので、機会を見ては学生と話すことに努めている。個々の学生と話してみると、アンケートでは把握できない事柄がいろいろと出てくる。アンケートにも、もちろん自由記述欄が設けられてはいるのであるが、書くのが面倒だということや、書いても変わらないだろうというあきらめの気持ちなどから、よほど強い思いがないと書かないようである。

　授業を一つ担当しているので、授業前や終了後に受講学生と雑談等する機会もあるが、同じ時間帯に幼児教育系の学科の必修科目が配置されているため、その学科の学生と話す機会というのがどうしても少なくなってしまう。それでは私の学生理解が不十分なものとなってしまうので、今回、特別に時間を設けて幼児教育系の学科の学生の話を聞くことにしたのである。

　学生をきちんと理解するということは、大学を経営していくうえで最も重要なことであると考えている。学生が置かれている状況はどのようになっているのか、学生が持っているニーズにはどのようなものがあるのか、抱えている不安はどのようなものであるのかといったことが、きちんと把握できていれば、それに対応した適切な計画や支援を考えることができるようになるのである。これまで多くの大学が行ってきた学生に対する様々な働きかけや支援の中にも、この学生理解という視点に立って、再点検することが必要なものも少なくないように思う。

　今回、学生と話してみて強く感じたことは、学生たちが持っている不安や希望といったことを、我々教職員が分かっていないという気持ちが少なからずあるということであり、そのことによる行き違いが誤解やトラブルを生みやすいということであった。相手の立場に立って考えることの必要性ということは、頭では理解しているの

であるが、実際の場面でそうすることは、極めて難しいことである。どうしても自分の立場から考えてしまうという、長い間に形成されてきた慣わしから脱却ができないからである。

　本田技研工業の創業者である本田宗一郎氏が遺した言葉に「人の心に棲んでみる」というものがある。単に相手のその時の気持ちを考えるということではなく、一緒に暮らしているように相手の気持ちを理解し続けることが大切であるという趣旨と理解している。まだまだ、その足元にも及ばないが、自分の大学の学生の心に棲むがごとく、学生理解に努めていきたいと考えている。

10　組織の一体感

◇時代も国も違えども

　現在、半期だけであるが、大学職員の能力開発を目的とした大学院の通信教育課程で講義を担当している。担当科目名は「エンロールメント・マネジメント」というもので、アメリカで導入された総合的な学生支援策を意味するものである。スクーリングの時期も近づいてきたので、その準備をしている中で、「エンロールメント・マネジメント」という言葉がタイトルに入っている本はどのくらいあるのかということが気になり、ネット検索をしてみたところ、IRとの関係で書かれたものが1冊、学生募集との関係で書かれているものが1冊の、計2冊であった。

　意外と少ないなという感想を持ちつつ、持っていない後者の本、「個性的大学になる学生獲得戦略──エンロールメント・マネジメントのすすめ」（レイ・マストン著、山田達雄訳、C. S. L. 学習評価研究所、1991年）を購入して読んでみた。

　アメリカでエンロールメント・マネジメントが導入された経緯についての記述の中に、1970年代末、高校卒業者が減少するという予測は出ていたが、それに対しての大学の対応能力に入試担当者は自信を持っていたという記述があった。これは日本でも、まさに同様

であった。18歳人口の減少は、まずは専門学校進学者に影響が出る
とか、大学の進学率が女子を含めて上昇していくといった好条件を
想定することで、危機感を持たずに済むような状況を夢想していた
ように思われる。

　それが、実際に入学者数の減少という危機的状況が表れてきた
1980年代のアメリカでは、入学者の確保が、大学の学長の最も重要
な使命として認識されたとのことである。そしてその対応策とし
て、顧客のニーズに対応するように基本的な政策を見直し、再構築
するということでなく、広告を中心とする小手先の対応が選択され
ることが多かったようである。この状況も、まさに今の日本の状況
と同様であると思う。

　しかし、そのような対応で十分な成果が得られるはずはなく、い
かにして大学のマーケティング活動を組織化していくかという課題
に直面せざるを得なくなったわけである。そして、マーケティング
には共同体全体のコミットメントが必要であるにもかかわらず、大
学が持っている、教員に好まれない目標や戦略に対する支持を差し
控えるというシステムが作動して、そのことを妨げていると書かれ
ている。アメリカの高等教育界の巨人と称されているクラーク・
カー博士も、カリフォルニア大学バークレー校の学長時代に、学内
の諸機関は共通の空調システムと給与制度だけで時々結びついてい
るに過ぎないと言っていたことも紹介されていた。

　私の短大も小さな組織であるが、個々の教職員の認識の内容も範
囲も異なっているので、組織の一体性という点では、まだまだ不十
分であると感じている。どういう短大にしていきたいかということ
を何となく理解している人もいるだろうが、単なる言葉としてしか
受け取っていないような人もいると思われる。これまで自分たちで
こうしようと思って行動し、その成果を得たという経験がないので
あれば、現在のような状況であることは当然のことであると思う。

　組織の一体感をつくりだすことも、学長の重要な務めである。大

学と、大学を取り巻く状況をきちんと認識し、今後を予測しつつ、大学の進む道を考える機会を設定していくこと、そして私自身、あらゆる機会を活用して、こうありたいという姿を伝え続けていくことしか方法はないのではないかと考えている。

◇ **学生募集について**

　大学の経営陣に対して、「今、最も喫緊の課題は」と問うならば、多くの人が「学生募集」を挙げることと思う。18歳人口は減少を続けているにもかかわらず、大学の数は減っていないので当然といえば当然であるが、2016年度の入学結果で見ても、入学定員未充足の大学の比率は昨年より1.3％増えて、44.5％となっている。短期大学に関しては、学校数は減っているにもかかわらず、入学定員未充足の比率は前年よりも5.9％増加し、66.9％となっている。

　理想を言うならば、各大学の教育・支援の品質を高いレベルで同程度のものとし、各大学が入学定員を調整する協調路線をとるべきであると思うが、それを唱えている間に競争から落ちこぼれていくということは、現実には許されないことであるので、奪い合いということにならざるを得ない。

　私自身、この短大の学長として招かれた理由、最も期待されていることは、学生募集状況の改善であると認識している。したがって、働く環境を改善したり、サポーター集団の活性化を図ったり、キャンパスを活気あふれるものとするなどの活動（これらの活動も、もちろん間接的に学生募集に影響を及ぼすものであるが）をしたとしても、学生募集状況の改善が図れないならば、任務を全うしたことにはならないのである。

　そしてまた、学生が順調に集まることによって、マンパワーや施設・設備の充実などの教育・研究環境の改善についても、対応策をとることが可能となってくるのである。「衣食足りて礼節を知る」ではないが、学生が順調に集まるようになってくると、学内の雰囲気も自ずと明るくおおらかなものになってくるのである。

このような理由から、今年度の前半は学生募集に関しての施策の企画と実行に力を注いできたのである。広報担当の職員が２名で、うち１名は新人ということなので、もう一人の広報担当者には少なからぬ負担を掛けてしまったこともあったが、ここが正念場ということで了解してもらった。

　何人の入学者を得られるかは、蓋を開けてみないと分からないことであるが、ある程度の精度でそれを予測できるものはオープンキャンパスの参加者数である。特に短期大学のように推薦入試の比率が高い場合には、その予測精度は比較的高いものになると思われる。私の短大の過去のデータを見ても、オープンキャンパスの参加者数と翌年の入学者数は比例しているし、その比率の誤差も１割程度の範囲内で推移している。

　今年度のオープンキャンパスは、これまで５回が済み、残すところあと１回となっている。この時点で見る限りは、昨年に比べて参加者は２割程度増加という、大変好ましい状況となっている。中でも、これまで入学定員を充足したことがほとんどないキャリアデザイン学科という総合文化的な学科の参加者が、過去最高となっていることは嬉しいことである。コース制の開設ということも、この学科の学生募集により多くの成果をもたらすであろうと考えて企画したものでもあるので、内心、ほっとしたというところが正直な心情である。

　学生募集広報の姿勢として最も重要なことでありながら、大学の広報活動では十分でないものの一つに、「語り尽くす」ということがある。「語り尽くす」ためには、あらゆる機会を活用して、持っているすべての強み・特色をアピールしなければならないという強い意欲と意識を持つことだけでなく、相手の関心事・ニーズがどのようなものであるかを把握し、それに対応した事柄を余すことなく伝えることが求められる。そしてそのためには、自分の大学のことや、受験生等の状況に関して、常にアンテナを立てておく必要があ

る。すべての教職員がこのような状態になることが、組織を挙げて
「語り尽くす」ことを可能にするのである。

11 重要なことは伝える

◈最後のオープンキャンパスは

　９月に入ってすぐに、今年度、最後のオープンキャンパスが開催
された。これまで昨年を２割以上上回る来場者を得られていたの
で、この調子を維持したかったところであるが、そう都合良くこと
は運ばなかった。残念ながら来場者数は、昨年を少し下回ってし
まった。全体でみれば昨年よりはいいので、良しとしなければなら
ないともいえるが、最後を好結果で締めたかったことからすると、
大変残念な結果であった。

　ただ、今年度のオープンキャンパスに関しては、集客以外にも改
善点がいくつか見られたように思う。一つは、学生スタッフの組織
化である。昨年までは事前にマナー研修が一度行われてはいたが、
その都度、寄せ集められた学生スタッフという状況であった。それ
が今年度は、学生のリーダーも置かれ、役割分担も明確化され、そ
の果たすべき内容も明らかになったことで、来場者対応にダブりや
漏れがなくなった。

　そして毎回、反省会を行い、改善につなげていっていたことで、
学習する組織となり、最後の二回のオープンキャンパスでの対応
は、明るく元気で、しかもポイントを押さえた、見違えるような出
来栄えとなった。最終回の今回は学生スタッフの解散式が行われ、
任務を無事成し遂げたという達成感からか、涙のシーンも見られる
ような感動的なひと時となった。学生スタッフに学生募集の一端を
担ってもらうという目的とともに、学生自身の成長も促進するとい
う、学生スタッフを設けたもう一つの目的が達成されつつあるのが
感じられた今年度の活動であった。

　二つ目の改善点は、プログラムの流れが、個性的な形でまとまっ

第４章　基本戦略を活動につなげる　**123**

たということである。これまでは、各学科が独自に考えたプログラムの流れで行っていたものを、今年度の途中から、最初に両学科が一堂に会して、「welcoming」と題したセレモニーで始まる形に統一されたのである。「welcoming」の中身は、司会者の歓迎の挨拶、聖歌隊による讃美歌合唱、学長の挨拶といったもので、キリスト教の礼拝を体感できる雰囲気の中で、参加者への歓迎の意と、本学の教育の理念を伝えるものとなっている。

　これがいいと思った理由は、全員が一堂に会することでボリューム感を演出できること、自学の教育の理念を厳かな雰囲気の中で効果的に伝えられること、そして何よりも、本学の教育の中心理念となっているキリスト教というものを、押しつけがましい形ではなく、自然な形で伝えられるということである。

　オープンキャンパスというものの学生募集活動における位置づけは、非常に重要なものであるというメッセージをトップが発信し続けることで、教職員が知恵を絞ってくれ、良いものが生まれてくるということを実感した次第である。教職員に対して、今の状況の中で、何が自学にとって重要なことであるのかをトップが発信することで、教職員の意識もまとまりやすくなり、考える対象も絞られることになり、いい成果が生じてくることになるのである。これもトップダウンとボトムアップを融合させた、重要な舵取りの手法といえよう。

　今年度最後のオープンキャンパスが終わった後に、一人の教員が私に話しかけてきた。「クリスマスオープンキャンパスというのを行っている大学があり、参加者に非常に好評で、年々、参加者も増えているようですよ。本学でも検討したらいかがでしょうか」と。早速、すばらしい成果が出てきたようである。

◇**ディプロマ・ポリシーを考える**
　ディプロマ・ポリシー、カリキュラム・ポリシー、アドミッション・ポリシーの三つのポリシーを一体的に定め、今年度中に公表す

ることが義務づけられたため、本学でもこの作業に取り組むことになった。当初は、各学科長が自分の学科の3つのポリシー原案を策定し、それを各学科で検討するという手順を考えたのであるが、大学全体の統一性を保つ必要性や、これからの教育・支援の方向性を示す重要な指針であり、リーダーシップのあり方とも深いかかわりがあることから、私自身が原案を策定することを申し出たのである。

　まずは、三つのポリシーの基準となるディプロマ・ポリシーについて考えてみた。これは、本学が養成を目指すべき人材像と関係することで、本学の教育のゴールイメージを表すものとなる。すなわち、養成を目指すべき人材像には達していないが、現実的な目標として、このレベルまでは実現したいというものとなる。そしてこれは、本学の目指す姿と一致する必要がある。

　本学が目指しているのは、「卒業後の進路が確かで豊かな短期大学」というものである。これが意味することは、まずは卒業に際して適切な就職先、進学先（本学は四年制大学編入希望者もある程度いるので）が与えられるということである。しかし、それだけにとどまらずに、その後の人生に関しても、確かで豊かなものになることを願っているという、目指すべき姿である。もちろん、2年間という短い短大生活の中で与えることのできること、身に付けられることには自ずと限度はあるが、それでも、ベースとなる必要最低限のことは身に付けさせたいという、少し欲張った人材育成の理念である。

　このための要素として、両学科に共通のものとして考えたものの一つ目が、自らに必要とされる知識を、身に付けようとする意欲を持つということである。卒業の時点で、各自が必要とされる知識を十分に備えているということが理想ではあるが、入り口の段階で知識面での厳格な選抜が望めない現状を考えたならば、このようなことにならざるを得ないし、知識も陳腐化することを考えたならば、

意欲を持っているということは非常に重要な要素であると思われるからである。

　二つ目に考えたものは、周りの人たちと適切に関係性を保ち、円滑なチームワークを遂行していける能力ということである。このために必要とされる要素は、様々なものが考えられる。一つは社会常識、マナーの習得ということである。社会常識、マナーといったものは、これまでの人間関係構築の経験から抽出されたものであるからである。

　次に必要とされるものは、様々なところで取り上げられているコミュニケーション能力というものである。これに関しては、一般的には伝える力というものが強調されてはいるが、聴く力というものも重要であると考えている。本学の学生の中には、話すのが苦手という人もいる。ではそのような人はコミュニケーション能力がないかといえば、そんなことはない。伝える力、聞く力、どちらも重要なのである。得意な方を８割行い、苦手な方を２割行うことで、コミュニケーションは支障なく展開されることになるのである。したがって、とにかくアクティブラーニングで意見を言うことが大事ということでなく、聴く能力も同じように重要であるということを明確にすることが必要であると考えている。

　そして最後に必要な要素として言いたいことは、周りの人の違いを認め、尊重するという気持ちである。我々はこれまで作られた基準をもとに人を判断し、評価すべきかどうかを決めがちである。しかし、それでは学べることは少ない。自分と異なる人からこそ学ぶべきことは多くあり、そのような姿勢がないならば、グローバル社会における共生は成り立たないといえるからである。

12　ストーリーの共有

◆学長の役割を再確認
　前に、現在、多くの大学での一番の関心事は学生募集であり、し

たがって学長に期待される主要な役割も、それを支援し促進することであると書いた。私自身も、この短大の学長に就任するに際しては、そのことを自分の任務として強く認識していたし、周りの期待も、そのことにあると確信もしていた。そして、学生募集状況の改善が図れれば、この組織が抱えている、教職員の満足度が高くないという課題も、相当程度に解決されるのではないかと考えたのである。

このような認識であったので、まずは広報活動の強化と多様化を図ること、そして受験生にとって中身が分かりやすく、かつ、多くの興味・関心に関係づけられる７つのコース制開設を企画したのであった。そしてその結果は、オープンキャンパスの参加状況を見る限りでは、ある程度、改善が期待できそうな状況となっている。このような状況は、教職員にとっても喜ばしいことであるので、喜んではいるのであるが、どういうわけか全体の雰囲気がすごく改善したという状況にはならないのである。もちろん、まだ入学者という形での、最終的な結果が出ていないので、軽々しく喜べないということもあろうが、それだけではないようである。

この点について、この一年半を振り返ってみた。そして気づいたことが、受験生や学生の満足度を上げること、短大の知名度を上げることを優先して業務を進めてきたため、教職員の負担が増えてしまったのではないかということである。言い換えるならば、顧客満足度を追及する中で、教職員満足度に対する配慮が足らなかったということである。

コース制開設に伴うカリキュラム再編、委員会の増設と数値目標の設定、ホームページのリニューアル、パンフレットのリニューアル、教職員合同の研修会の開催、学生に対するアンケートの実施とその結果への対応、高校訪問のための新たな資料作成、高校に対する新たな情報の発信方法の実施、マスコミに対しての積極的なニュースリリース、キャンパスの快適化プロジェクトなど、これま

で行ってこなかったことについて、新たに教職員に取り組んでもらったのである。

　これらの取り組みは、私にとっては目指すべき姿を実現するための手段であるので、それが一つ一つ実行されていくことは、小さな達成感を味わえることであり、快適なことであった。それが、実行を担当する教職員にとっても同様な感覚であれば問題ないのであるが、改善に向けてのストーリーが理解できていないとするならば、頂上の見えない登山と同様、疲れを感じるだけという状況になっている可能性も十分に考えられるのである。

　では、改善に向けてのサクセスストーリーを、教職員がきちんと理解できるように私が語り続けていたかといえば、今、改めて振り返ってみると、まだまだ足りないということを自覚せざるを得ないであろう。自分が分かっていることであると、人間、どうしてもそのことを自明の前提として、ものごとを考えてしまいがちである。自分としては十分に考えたストーリーであり、折に触れて、そのストーリーの端々を披露していたので、周りの人たちも、そのストーリーの全貌を理解しているものと思い込んでいたのである。オープンキャンパスの参加者が増えているという、本短大にとっては極めて喜ぶべき状況となっているにもかかわらず、私ひとりが喜んでいるような気がしていたのも、それが原因であったと思われる。

　コミュニケーションの研修等でも良く言われることであるが、異なる認識を持ち、異なる状況におかれている相手方に対して、自分の言いたいことをきちんと理解してもらうためには、過度と思われる程に伝え続けることが必要であるということを改めて実感した次第である。

◇教職員の満足度を高めるために

　著名な経営学者であるピーター・ドラッカーは、著書「現代の経営」の中で、次のような3人の石切工の逸話を紹介している。それは、ある人が作業中の石工3人に、「何をしているのですか」と訊

ねたところ、一人目の石工は、「生計を立てているんだ」と答えた。二人目の石工は、「この地域で一番、いい石工の仕事をしているんだ」と答えた。三人目の石工は、夢に目を輝かせ、「大教会を建てているんだ」と答えた、という話である。

この3人の中で最も満足度高く働いているのは、三人目の石工であろう。それは自分が何のためにこの作業をしているのかという、全体の計画の中で自分が担っている役割、意義がきちんと分かっているからである。これと同じように、教職員一人ひとりが、計画の全貌を共有し、その中での自分の役割、その意義をきちんと認識してもらえるようにすることが、教職員の負担が増えるプロセスにおいても、満足感を感じてもらうためには不可欠なことである。

このようなことについては、理屈では分かっていたことである。しかし、いざ実践となると、つい自分の思いが先行してしまい、このことに関しての意識が薄れてしまうものである。強く自戒の必要性を感じている。

また、伝えることの難しさとも関連することであるが、やはり、強く伝え続けなければ気持ちは通じないものである。大学側、経営陣としては、教職員を大事にしていないという意識は持っていない場合がほとんどであると思われるが、教職員側としては、大事にされていないという気持ちを持っているケースも少なくないように感じられる。このギャップは待遇等の実質的な理由によるということももちろんあるが、経営陣が思いを伝えていないということも大きな要素ではないかと思う。

外食産業において、社員の高い離職率やアルバイトが集まらないため、営業時間の短縮などを余儀なくされたということがあった。本当にひどい待遇という例もあったとは思うが、経営陣の思いが伝わらない、コミュニケーション・ギャップということもあったのではないだろうか。

アメリカで創業された大手のコーヒーチェーンである「スター

バックス」は、社員やアルバイトの離職率が低いことでも知られている企業である。スターバックスの企業理念を同社のホームページで見てみると、「OUR　VALUES」のところに次のような文章が掲載されている。それは、「私たちは、パートナー、コーヒー、お客様を中心とし、Valuesを日々体現します。」というものである。

　注目すべきは、同社が重視している価値の順序である。当然ながら、重視する順序で書かれていると思われるが、それは顧客でも商品でもなく、パートナー、すなわち従業員となっていることである。一般的に考えるならば、まずは顧客に満足を与えることが挙げられると思われる。そして次に、その満足を与えるものとしての商品ということになる。そして一般的には、それをつくりだす従業員に対しては、給与という対価を与えていることで事足れり、と考えがちである。

　スターバックスのCEOは、「私たちの企業はコーヒーを人間が提供しているのではない。"人間が"コーヒーというものを提供しているのだ。」と語っている。すべての価値を生み出すものは人間、すなわち従業員であり、そこに焦点を当てることで、おのずと高い顧客価値は生み出されると考えているのである。

　私もこのことを、伝えたつもりで終わるのでなく、本当に教職員に伝え続けていきたいと考えている。

13　考える力、行動する力(1)

◆職員力の向上

　大学の教職員研修は、授業期間中は一斉の時間確保がなかなかできないため、8月、9月の夏季休暇中に開催されることが多い。私もこの夏の期間に、いくつかの大学や団体のFD、SD研修に関わる機会を与えられた。具体的なテーマは、もちろん様々ではあるが、共通な流れとしては、これからの厳しい環境の中で、いかにして適切な方向性を定め、そこに向けて進んでいける組織となれるのかと

いうものであった。

　来年度からのSD義務化も視野に入れた取り組みという面もある
かとは思うが、これからの大学の歩む環境を考えるならば、FDに
見られたような形式的な研修といった方向に進むことだけは、緊急
性ということからも避けなければならない。では、SDを実質的な、
本当に有用な職員力の向上を図れるものとしていくためには、どの
ようなことに留意したらいいのだろうか。それは、どの活動につい
ても共通に必要とされる、ゴールの明確化ということではないかと
考えている。

　SDにおけるゴールの明確化とは、すなわち、目指すべき職員像
の明確化ということである。目指すべき職員像が具体的かつ明確に
示されているならば、それと現状とのギャップを認識することがで
き、どのような能力を養成したらいいのかということも、明確にな
るからである。この点がきちんと定められていないと、場当たり的
な研修の繰り返しとなってしまい、効率的かつ効果的な職員力の向
上を図ることは難しくなってしまうといえる。

　次に問題となるのが、目指すべき職員像をどのようにして決めて
いくかということである。各大学特有の要素といったこともちろ
んあると思われるが、ここでは共通の要素について考えてみたいと
思う。現在、短大の学長として働いている中で、必要と感じる職員
力というものを考えてみた。最初に浮かび上がってきたのは、行動
力というものであった。私自身が心がけていることの一つに、ス
ピード感を持って働くということがある。環境の変化が激しく、か
つ厳しい方向になっている状況にあっては、極めて重要な要素と考
えている。ところが、これが学校業界で働いていると、ストレスの
源となることも少なくない。周りとのペースが合わないことが、ど
うしても多くなるからである。

　次に必要とされるのは、やはり考える力というものである。厳し
い環境の中で、競争優位性を獲得できるような差別化を図っていく

第4章　基本戦略を活動につなげる　**131**

ためには、新しいことを考えることのできるアイディア力、仮説構築力といったものが必要となるからである。そしてその前提として、適切に考えるために必要とされる情報を収集する力や、それを分析する力、そしてそれに基づいて、自学の置かれた状況、取り巻く環境といった状況をきちんと認識する力といったことも必要とされるのである。

　以下、順に考えていきたい。

◇行動する力

　学校業界で働いていて、またコンサルタントとして学校にかかわった経験からして、学校ではこの行動する力、迅速に行動に移す態度というものが、非常に不足しているように感じられる。企業の経営者から学校法人の理事長に転身した人が初めて学校の事務室を見た時、時が止まっているように感じたと言っていたが、それぐらいスピード感というものが欠如していると思う。

　私も短大の学長に就任して、改めてこのことを感じている。会議等でいいアイディアが出ても、今年は無理だからと来年送りにしてしまう。やりましょうと決めたことが、いつまで経っても動き出さない。あまり催促ばかりするのもはばかられるが、そうしないと進まない。これは、毎年同じことを同じペースでしていてもまったく弊害のなかった「良き時代」が長く続いたことでつくられた風土であるから、根気強く催促し続け、少しずつ変えていくしかないと覚悟を決めている。

　迅速な行動力に関して、ある大学の話を紹介したいと思う。それは大学のパンフレットの制作に関してのことである。パンフレットのリニューアルの参考資料として他大学のパンフレットを集めている中で目に留まったのが、卒業生が就いている職業から、その大学の学びを紹介するという手法のパンフレットだった。早速その大学に対して、同じようなパンフレットを制作することに関して了解をお願いし、方向性が固まった。それは既に12月の終わり頃であった。

高校訪問の時期との関係から、4月中にはパンフレットができていることが望ましい。部内の会議で検討したところ、4か月という短い期間で、そのような多くの卒業生を取材しなければならないパンフレットを制作することは不可能であるとの意見が多く、今回は見送ろうということになった。その時、新任の広報スタッフが、自分がやってみますと名乗り出た。

　その職員は早速、パンフレットの制作に取り掛かった。寝袋を買い、時には事務室で泊まるというようなこともしつつ、見事、4月末に、結構なボリュームのパンフレットをつくり上げた。高校等からの、そのパンフレットに対しての評価は高く、募集にも好影響を与えているようであった。

　それはパンフレットもさることながら、そのような働き方の姿勢がもたらした結果ではないだろうか。ちなみにその新任広報スタッフの前職は、スピードを最も重視する働き方で有名な外食企業であった。

◇考える力の前提として

　これも前から感じていたことであるが、大学は自学を取り巻く顧客、市場といった状況を認識しようという意識が弱いのではないだろうか。これも行動力と同じく、周りを認識せず、大学がいいと思うことをしていれば済んでいた時代が長かったためであろうが、現在のような環境下では、この状況認識といったことが、不可欠な要素となる。

　なかでも重要ことは、これまでも何度か触れたことであるが、顧客の認識である。これがきちんとできているならば、どのような教育プログラムや支援が適切なのか、学生の将来を見据えてどのような方向性が有用となるのかといったことが、自ずと導き出されるからである。これは学生募集においても、もちろん同様である。自学の入学者として想定している受験者層が、どのような情報を求めているのか、どのようなことを大学選びの基準として重視しているの

第4章　基本戦略を活動につなげる　**133**

か、進学に関して感じている不安にはどのようなものがあるのだろうかといったことをきちんと認識していないならば、効果的な広報活動を展開することはできない。

最近、セブン＆アイ・ホールディングス名誉顧問の、鈴木敏文氏の言葉が紹介されている雑誌を読んだ。それには次のような言葉が書かれていた。「イトーヨーカ堂の社長に就任したときも、『鈴木は人事や管理ばかりをやってきたから、現場のことは分からない』と陰口を叩かれたものだ。しかし私も１人のお客であるから、お客さまの立場で考えてみることはできる。商売は、お客さまの立場で考えるものであって、売り手側の常識で考えるものではない。だからお客さまが『よいと感じるだろうな』と思うこと、『便利だろうな』と思うことをやれば支持されると考えた。」と。

読みながら、その姿勢がセブンイレブンなどの多大な成果につながったのだと感じた。私の短大も、まだまだ顧客や市場を認識しようという意識が不足しているため、自分たちの考えだけで行動している領域が少なくない。その重要性を繰り返し伝えるとともに、仕組みづくりにも励まなければならない。

14　考える力、行動する力⑵

◇引き続き職員力の向上を考える

これからの職員に特に必要とされる力として考える力を挙げ、その前提として状況を認識する力、認識しようとする意識が重要であることを述べた。私自身、短大の学長に就任してまず行ったことは、新入生、在学生に対してのアンケート調査であった。

その結果を見ると、新入生アンケートであれば、どの程度、本学のことを知っているのか、知っている中の、どの理由により本学を選んだのか、競合している学校はどこなのかといったことが明らかになってくる。在学生アンケートであれば、満足している程度とその要因、不満足な要素といったことが明らかになってくる。これら

134

を基に、広報の戦略や学生支援の内容を考えることで、顧客のニーズに対応した施策の立案が初めて可能となるのである。

このような、顧客や顧客を取り巻く環境といった状況認識の大切さを理解してもらうためには、関係者の声を聴き続けることが必要となる。そしてそのためには、声を聴く仕組みをつくることが必要となる。このような仕組みづくりも、これからの職員に求められる働き方の一つであると感じている。

関係者の声を聴き続けていると、予想通りという結果が多いのであるが、時には予想していなかった答えに出会うことがある。その時に初めて、関係者の声を聴くことの重要性を理解できるのである。本学でも今年の在学生アンケートを集計したところ、予想を上回る不満の声が出たのである。それは定員を大きく上回る入学者を迎え入れた学科の、当該年度の学生の声であった。

個々の教員レベルでは、人数が多い学年なので、これまでのようなきめ細かな対応が十分にできていないということは何となく感じていたようであるが、それを学科として、大学として認識できていなかったのである。このような認識を可能にするために必要なことが、そのための仕組みづくりであり、それがこれからの職員の役割として求められていると思う。

学生や大学を取り巻く環境の変化に関しての認識も同様である。高校生の進学状況は現状どのようになっていて、今後、どのようになっていくのかといったことや、企業の求人環境や求人ニーズの現状と今後の動向といった情報を、どのような機会に収集し、それをどのようにして組織の認識としていくのかといったことに関しても、仕組みをつくる必要がある。

私の短大でも、これまで自学の特色等を高校側に説明するのみであった高校訪問活動を、高校生の現状、高校の先生の要望等についても、できる限り収集するものに切り替えた。企業の声に関してもアンケートを実施し、大学でもっと養成してほしい能力等に関して

第4章　基本戦略を活動につなげる　**135**

聞いていく予定である。このような活動を重ねることで、教職員一人ひとりが、アンテナを高く掲げた状態をつくりだしていかなければならない。

◇考える力を養成する

　大学や顧客を取り巻く状況をきちんと認識したうえで、大学がこれからどのように進んでいったらいいのかを決めていかなければならない。環境が厳しい方向に変化していく状況下では、荒れた海での航海と同じく、到着地を決めて、そこに向けてできるだけ効率的に進んでいかなければならないからである。この到着地を決める力、もしくは経営陣が到着地を決めるのを効果的にサポートできる力というものが、これからの職員に求められるのである。

　これまでの大学の中長期計画を見ていると、例えば施設・設備の整備計画、国際交流の推進、就職支援の強化、学生募集の改善など、実行した方がいいことは羅列されているのであるが、それが一つの方向性のもとに、整合性の取れた体系で編成されている計画は少ないように感じている。時間的な余裕のない中で成果を得るためには、統一された方向性に合わせて、教職員のパワーを結集させることが不可欠である。そのためには、諸活動の目指す到着地が決められていることが不可欠となるのである。

　大学の諸活動が目指す到着地を決めること、それが戦略をつくるということになると考えている。戦略とは、進むべき方向性を決め、そこに向けて進んでいく道筋を決めることであるからである。もちろんのこと、その目指すべきところは競争優位に立てる到着地であることが必要であり、できるならば一時的でなく、ある程度の期間、競争優位性を保てる到着地であることが望ましい。この戦略策定力が、これからの大学職員には求められると考えている。

　では、どのようにしたら、このような戦略策定力を身に付けられるようになるのであろうか。戦略策定のフレームワークを用いるということも、一つの方法ではある。例えば、自学の持っている強み

や、不十分な要素である弱み、そして自学を取り巻く環境の良い点、悪い点を分析するSWOT分析を応用したクロスSWOT分析を利用するのも、最初のきっかけとしてはいいように思う。

　自学が語学教育に定評があり、しかるべき成果もあげているならば、それとグローバル化が進む社会という環境を組み合わせて、グローバル企業への就職に強い大学を目指すとか、英語の教員採用試験の合格率を高めて、教員希望者を集める大学を目指すといったことを導き出す方法である。

　この方法も、それなりの方向性を導きだすことができる有用な方法ではあるが、何よりも大切な顧客の視点ということが、環境認識の中の一つの要素としてしか扱われないので、顧客ニーズへの対応という点が十分に考慮されない恐れがある。

　私が推奨している方法は、顧客認識を中心として、それに市場認識、競合認識、自学認識を加え、その中から目指すべき姿としての到着地を描くというやり方である。この際に、まず心がけるべきことは、自学の現在の顧客、そして将来的に欲しい顧客を明確にすることである。研修の中で、顧客確定の例として紹介するチラシがある。それは、近くのスーパーマーケットのラックに置かれていた家庭教師のチラシである。通常の家庭教師のチラシとしてイメージするものは、対象学年、教える教科名、月謝といったことや、「成績が上がります」といったコピーが書かれているものであろう。

　それがそのチラシには、「勉強の大嫌いな子専門の家庭教師」と書かれているのである。まさに顧客を確定しているのである。そうすることによって、どのような子どものニーズを把握すればよいのかが明らかになり、そのニーズへの適切な対応も考えやすくなるのである。

　大学の場合も同じで、自学の顧客を確定して初めて、そのニーズも把握できるし、適切な対応も可能となるのである。職員の人たちは、感覚的にはどのような学生が来ているのかということは認識で

第4章　基本戦略を活動につなげる　**137**

きていると思われる。それを感覚的にではなく、明確な認識として
いくことが必要になる。そして個人の認識というレベルではなく、
組織の認識としていくことも求められるのである。それも、戦略策
定を担う職員の人たちの役割であると思う。

　私の短大の場合、四年間の学長任期中に成果を上げたいという思
いがあり、時間的な余裕がなかったので、十分とはいえないかもし
れないが、顧客の確定と、確定した顧客の認識に基づいて「卒業後
の進路が確かで豊かな短期大学」という到着地を設定したのである。
到着地が決まれば、当然、何をしたらいいのかということは考えや
すくなってくるのである。到着地を描ける職員力が、大学の成否を
分けることになると思う。

15　組織能力を高める

◇推薦入試が始まる

　今年度は、前にも書いた通り、オープンキャンパスの参加者が昨
年度に比べて増加した。これまでのデータでは、オープンキャンパ
スの参加者数と出願者は必ず比例していたので、今回の推薦入試で
は相当程度の志願者増を期待していた。ところが蓋を開けてみる
と、残念ながら、それほどでもないという状況であった。その理由
としては、短大全般に共通するもの、もしくは本学進学に関する固
有のものなど、いろいろなものが考えられる。その確認は当然しな
ければならないことであるが、この状況を踏まえて当面しなければ
ならないことは、組織力の向上であると改めて感じている。

　組織が持続的に発展していくために必要なことは、戦略的ポジ
ショニングを設定できるセンスのあることと、そこに向けて活動し
ていくことのできる組織能力を持っていることである。戦略的ポジ
ショニングとは、先に述べた活動の着地点、目指すべき在り様のこ
とである。そして組織能力とは、着地点に向けて進んでいくことの
できる力、すなわち教職員の強い意欲、状況認識力とそれに基づい

て考えることのできる力があること、そして組織が学習しながら活動を継続・改善していける仕組みがあるといったことを構成要素とするものである。

　この組織能力を高めていくために必要なことは、いろいろあると思われるが、本学で当面、行うべきこととしては、次のようなことを考えている。まずは、目指すべき着地点の教職員間での共有を徹底していくことである。本学の着地点として、「卒業後の進路が確かで豊かな短期大学」という在り様を定めた。「卒業後の進路が確か」とは、就職にしても進学（四年制大学への編入学）にしても、確実に出来るということである。そして「豊か」とは、希望の進路が叶うことや、就職で言えば安定して働くことのできる職場、やりがいのある働きの場を得られるということである。

　このことについての教職員間での共有の徹底を図るためには、このフレーズを繰り返し伝えていくことも必要であるが、それだけでなく、なぜこの着地点を設定したのかの理由についても、きちんと説明していくことが重要であると考えている。なぜならば、着地点に関して教職員が納得していないならば、その共有を図ることは難しいからである。

　本学がこの着地点を設定した理由は、このことが学生、保護者、高校教員といった大学の顧客が最も重視していることであるし、学生の人生を良いものにするためにも非常に重要な要素となるからである。そして現在、短期大学で安定して定員を確保できているのは、卒業後の進路が確かで豊かな大学であるからである。

◇なぜ動かないのか

　組織能力を高めるために不可欠であり、かつ最も重要な要素となるものは行動力であると感じている。私が学長に就任して数ヶ月経った頃なので、今から一年ほど前のことである。かつては教室等で使っていたという、鉄骨造りの古い二階建ての建物が校舎の裏にあり、現在はほとんど足を踏み入れていない倉庫となっていた。よ

第4章　基本戦略を活動につなげる　**139**

く見てみると、しっかりした造りの建物で、内装等を多少リフォームすれば活用できそうであると感じたので、状況確認と見積りを担当職員にお願いをした。それが一年を経過した現在、まったく進んでいないという状況である。

　職員数が少ないため、自分自身の担当業務で手一杯ということも当然あると思う。誠実な態度で平素の職務を遂行している職員なので、決して手を抜こうというような意識もないはずである。では、なぜ動かないのかといえば、動くという風土ができていないのである。組織内にその様な風土がないので、すぐに活動を開始させる力や、期限を設定させる力というものが組織内に働いていないのである。

　このような風土を変えていくために必要なことは、動ける人、動かなければならないと感じているに人に動く権限を与えるということではないだろうか。それが、大学組織では往々にして、動く権限のある人に限って動かないという状況もあるように感じている。会議での話し合いは多く行われるが、現状は全く変わらないということになりがちである。まさに「会議は踊る、されど進まず」ということになってしまうのである。

　また大学の場合、行動することに関する責任という意識も弱いように思う。大学には計画はあるけれど、その遂行責任は誰も負っていないということは、民間企業等から大学に転職してきた人たちが同様に言うことである。その原因として考えられることは、そもそも責任のもととなる、新しいことを行うについての役割分担が明確でないことにあるのではないだろうか。すなわち、誰がやるかは別として、とりあえず話し合うという会議が多いということである。

　私の短大でも、当初は新しい計画等について話し合うという風土もなかったので、そこから始める必要があったわけであるが、次の段階として、実行を担当する人と、期限を明確にし、活動を起こしていかなければならない。そのためには、新しい活動、改革に結び

140

つく活動を担当することに対する評価という視点も加えていく必要がある。現状、評価制度は実施されているのであるが、それが新しい活動、改革に関するモチベイションを高めるものにはなっていない。折角、評価制度が導入されているのであるから、その評価が教職員の改革に関するモチベイションを高め、大学の活動力を増加させるものにしていかなければならない。

◎将来を考える会議体

　前述のとおり、本学では教職員が自分の短大の将来について話し合う場というものがなかったので、自分がこの短大を変えていかなければならない当事者であるという意識を持ちにくい状況であった。これでは改革のもととなる教職員のエネルギーが高くならないと考え、これまで各委員会の報告が主であった会議を、将来を考えるものと位置付けて話し合いをスタートさせた。

　初めてということもあって、当初はあまり意見が出なかったが、途中からは、いろいろな面からの改善提案が出され、活発な話し合いの時を持てたと感じている。そして、このような話し合いはもちろん有意義ではあるが、目的はあくまでも実際に現状を改善していくことである。このため、必要なデータを集めたり、活動プランをつくり提案してもらったりしてもらうための企画・実働チームも編成することにしたのである。

　メンバーは教職員や学科のバランスも考慮しなければならないが、中堅層を中心に若手を加えることとした。これから、この短大と共に歩んでいく期間が長い人の方が、今後、この短大がどのようになっていくのかということについての関心も利害関係も強いので、活動への意欲も高く、活動のスピードも速いものになると考えたからである。

　また、トップリーダーからの指示も必要であり、それでももちろん組織は動いていくのであるが、どうしても「やらされ感」というものが伴いがちである。それが、同じ仲間からの提案であると、

「やらされ感」というものも少ないし、同じ立場の人たちからの提案であるので共感もしやすいと思われる。そして、何といっても、指示されてではなく、自らが改善に当たるという「ときめき感」があるのではないかと思う。このことを期待して、企画・実働チームをスタートさせたいと考えている。

16　市場認識の重要性

◆FD・SD研修を通して

　今年度3回目となるFD・SD研修が実施された。今回のテーマは能動的学修に関する研修を受けてきた教員が、それを実践し、皆が体験するという、極めて入門的な研修である。グループに分かれて、アイスブレイクとしての相互インタビューが始まった。趣味や出身地、長所や短所、専門分野といった基本的な質問から、今、不安に思っていることなど、少し踏み込んだ内容のインタビューが相互に行われた。

　短時間で終わるのかと思って見ていると、予想外に盛り上がっていて、予定の時間を過ぎても、なかなか終わらないのである。表情も普段の会議の時には、なかなか見ることのできない満面の笑顔で、やり取りが行われているのである。改めて、会話することの重要性、それによる相互理解に基づく人間関係の構築の重要性を痛感するとともに、平素のコミュニケーション不足も痛感させられた。

　短期大学の場合、教職員数も少なく、しかも二年間という短いサイクルで学生の教育を完結させるということがあって、一般的に忙しい働き方となるケースが多い。そのため、業務遂行に必要な会議の場しかコミュニケーションの機会がないという状況になりがちである。余裕をもって話せる場を設けることは、現状、なかなか難しいことではあるが、今回のようにFD・SD研修が、そのような場となれるならば、中味はともかくとしても、実施する意味はあると感じさせられた次第である。

アイスブレイクの後は、十数種類のお菓子が各グループに配布され、それを何らかの基準でグルーピングするというワークが行われた。私も、ここから参加したのであるが、私自身のグループ分けの基準が、極めて一般的、常識的な、よくありがちなものになってしまっていることを強く感じた。平素、他人には、これまでの常識や、業界の通念で考えていては新しい発想は出てこない、新しい視点を持つことが必要であるなどと言っているにもかかわらず、自分自身がそのような弊に陥っていることに気づき、自戒の念を強くしたのである。

　環境の変化も激しく、先行きの見通しも不透明な高等教育機関を取り巻く状況においては、できるだけ正確な状況認識を基に、いろいろな方策を考えだし、それに優先順位をつけて、速やかに実行していくことが必要である。そのためには、いろいろな面に光を当てて、それぞれの面に対しても、いろいろな改善策を考えていく必要がある。そしてそのためには、一人の考えでは駄目であって、衆知を集めることが適切な改善策の策定と選定のためには不可欠と考えている。

◇市場を認識する

　前述のとおり、適切な改善策を策定し、優先順位をつけていくためには状況認識が不可欠であるが、私のいる短期大学で最も不十分であると感じているものは、市場についての認識である。もちろん個々人の認識レベルには差があるわけであるが、組織としての市場認識は他の大学等と比較してみると、おそらく低いものとなっているであろう。

　なぜそのような状態になったのかといえば、市場を認識しなければならないという刺激が、『外部から与えられなかった』ことによるのではないかと推察している。そしてなぜ外部からの刺激がなかったのかといえば、『他の大学関係者など、自学以外の人たちとの情報交換をあまり行ってこなかった』ことによるようである。そ

第4章　基本戦略を活動につなげる　**143**

れならば、今後はそのような機会をつくるようにしましょうということで一件落着かといえば、そう簡単にはいかないと思われる。なぜならば、表層的なところだけを改善してみても、その奥に潜む真因を解決できないならば根本的な解決にはならず、同じ問題が再発する恐れがあるからである。

　発生した問題の本当の原因を突き止めるための手法として、「5なぜ」とか「5つのWHY」といわれる手法がある。現れた問題点について、その理由を問い、次にその理由が出てきた理由を問うという作業を5回繰り返すことで、真因を発見するという手法である。生産現場等で出たミスの真因を探る際などに、よく使われる手法である。

　この手法を用いて、我が短期大学の市場認識が不十分であることの真因を探ってみると、『他の大学関係者など、自学以外の人たちとの情報交換をあまり行ってこなかった』理由として考えられることは、そのような機会が教職員にあまり与えられなかったということもあろうが、『与えられていても情報収集をするという意識がなかった』ということが考えられる。

　そして、情報収集の機会が『与えられていても情報収集をするという意識がなかった』理由として考えられることは、『そのような情報を集めたとしても、それを発表する場、それを組織として共有する場がなかった』ということが考えられる。人間、それを発表したり活用したりする場がないならば、情報を集めようという気にはなりにくい。忘年会の季節が近づくと、カラオケの練習をしようかと思うのは、発表の場があるからなのである。

◇学長諮問チームを編成

　適切な戦略の策定には必要な情報の収集が不可欠であるが、本学では残念ながら前述のとおり、そのような仕組みができていないし、情報を発表し、それを共有し、活用へとつなげていく仕組みもまだできていない。そこでこのような仕組みづくりの第一歩とし

て、私の諮問機関という位置づけの少人数のチームを編成し、情報の収集と、それに基づく提案を行ってもらうことにした。

　情報収集に関しては、まずは基本的なデータの収集を行ってもらうことにした。例えば、県内及び隣接県の大学・短期大学や専門学校の学科・定員等の情報や、分野別進学率などの高校生の進学動向、企業など就職先の求人ニーズの動向といったことである。それと併行して、他の大学や短大、専門学校の活動内容、特に学生の成長に役立ちそうな取り組みなどに関する情報についても、収集をお願いすることにした。また、高等教育機関を取り巻く環境の変化、例えば『専門職業大学』の創設などに関する情報についても、同様である。

　そして、これらの情報をもとに最初に考えてもらうことは、学生募集に関する施策、学生満足度向上に関する施策である。この点をまず固めることが、将来の計画を考えていくための基盤となることだからである。そしてここを固めていくためには、高校生や高校の先生といった、直接の関係者の間に良い口コミを広めていかなければならないし、そのためには、その材料をつくっていく必要がある。

　この具体策を、これまでは私自身が考え、それを皆に伝えていたのである。もちろん、実行に当たる人は、私の策に沿って行動してもらっているのではあるが、今一つ、実行に際しての迫力、気迫という点が不十分であるように感じていたのである。その理由は、私の提案に対する納得度の低さにもよるのかもしれないが、自分たちでしっかりと状況を認識し、それに基づいた危機感を共有し、何としてでも成果を挙げなければならないという意識をもって実行しているのではないということにあるのではないかと考えたのである。

　心から同意して行動してもらうためには、『共感する』ということが必要である。そのためには、自分たちの仲間が動くきっかけをつくっていくということが重要であり、それが組織を自主的に動か

第4章　基本戦略を活動につなげる　**145**

す原動力となるのではないかと考えている。

17　リーダーシップを考える

◇リーダーについて考える

　クリスマスを迎えるシーズンに入る際に行われる、点灯式というイベントが本学で行われた。学内の中庭に飾られたイルミネーションに火が灯り、クリスマスが終わるまでライトアップが続く。この点灯式が行われることで、キャンパス全体にクリスマスを祝うムードが漂い始めてきた。そのような時期に、4月から空席だった短大の事務長人事がようやく決定した。ただし、新しい人を迎えるということではなく、現在の職員が兼務という形での就任である。考えてみれば補充は当然のことなのであるが、空席が長く続いた後の補充となったので、クリスマスプレゼントを貰ったかのごとく、うれしく感じるから不思議なものである。

　4月に事務長が空席になった時は、そのようなことが大学で生じるということは予想もしていなかったので、少なからず驚いたものである。そして早急な補充をということを求めていたのであるが、具体的にすぐ困るところはどのような点ですかと聞かれると、これが困ったことに明確な、説得力のある答えが、なかなか出てこないのである。職員の人たちに聞いてみても、すぐに業務上困ることはないと思うという答えであった。これでは、こちらからの速やかに補充してほしいという要望も、迫力のないものになってしまう。もともと少ない人数で回していた事務局の、人員が減る、それもトップがいなくなるということで、さぞかし困るだろうと思っていたので、拍子抜けした気分であった。

　この時に、トップの役割って何だろうと考えていく中で、では学長が不在となったらどうなのだろうか、ということを考えてみた。そうすると、私の場合は特にそうなのかもしれないが、学長が不在であっても、平素の大学運営はつつがなく行われるであろうという

146

ことが確信できたのである。これは考えてみると非常に淋しい話ではあるが、よくよく考えてみれば、特に実務を担当しているわけではないので、実務に支障が出ないというのは当然のことといえる。

それでは、トップの役割とは何なのだろうかということを改めて考えてみた。入学式や卒業式での挨拶のように、その組織を代表して行動するという役割や、対外的な行事等に組織を代表して出席するというように、組織の代表という役割はある。しかし、それだけでは、他の教職員よりも高い給料をいただく意味はないといえる。対価をもらうためには、何らかの価値を見返りとして与えなければならない。

その価値とは何かといえば、組織の目指すべきところを決め、そこに向けてリードしていくことだと考えている。リーダーとはリードする人であり、リードするためには行く先が必要である。どこへ行くかを決め、そこに行くためにはどう進んでいったらいいのかを示すことが、リーダー、組織のトップとしての役割である。この役割が果たせないならば、給料に見合った働き方ではないといえる。

◇教職協働とは

最近、いろいろな大学で、これからは教職協働で大学を動かしていかなければならないとか、真の教職協働を実現することが大切などといった声を聞くようになった。大学の従業員は教員と職員で構成されているので、もともと大学運営は教職協働ではあったわけであるが、これまでのように教員が主導で職員が従うといった構図ではなく、お互いの役割を明確にして対等の立場で協働していくということが、今回の主張の趣旨となっていると思われる。

かつてのように恵まれた環境下にあっては、どんなことでも教員主導で進めていっても支障がなかったのであるが、現在のような厳しい環境下にあっては、顧客である受験生、学生の状況や、大学を取り巻く環境をきちんと認識して戦略を考える必要があり、そのような状況認識は職員の方がしやすい働き方であるといえるので、ま

第4章　基本戦略を活動につなげる　**147**

さに教職協働が求められているといえよう。

どのような場合でもそうであるが、二種類の人、組織が円滑に協働していくためには、両者の間に信頼関係がなければならない。それが大学の教員と職員の間にあるかといえば、もちろん個々の大学により状況は異なるが、概していうならば、まだまだ十分とはいえないレベルのところが多いように思われる。それはなぜかといえば、相互理解が不十分だからである。

私自身が大学の職員だった時代には、教員と職員の大学内に滞在している時間というものに大きな差があったため、職員側から見ると、教員という仕事はなんて楽な働き方なのかという思いを強く持っていたものである。それが今、教員として働くようになると、学生の成長を図る仕事というものは、非常に大変なことであるという思いを持つようになるのである。私の短大でも、事情は同様であり、平素は仲の良い関係であるのであるが、こと働き方に関しては、相互に不信感がないとはいえない状況である。

私のように両方を体験できればいいのであるが、通常、そのような例は、なかなかない。適切と考えられる方法は、協働して何かを遂行していくという機会を、できるだけ多く設定していくことだと考えている。それは委員会のような話し合いだけでなく、行事のような単発的なものでもなく、継続して、それぞれの強み、持ち味を生かしていけるような協働の場である。それを前に紹介した、少人数の教職員で編成した学長諮問チームで実現していきたいと考えている。

◆学生の声を組織で聞く

学長に就任し、まず行ったことは学生アンケートであるということを前述したが、それだけ学生を知るということが重要だと考えたからである。このため、授業の際にも学生のニーズ把握に努めたり、何かあると学生にヒアリングをしたりしていたのである。そして、伝えるべきと判断した学生の声に関しては、関係教職員に伝え

るようにしてきたつもりである。しかし、個人として認識しているということと、組織として認識していることとは違うということを、最近になって気づいたのである。

　個人の認識にとどまっていても、改善に結びつくということも、もちろんあるのであるが、組織としての認識がないならば、根本的な改善には結びつきにくいのである。こんなことに学生は不便を感じているということを知っている教職員が数人いたとしても、それを改善提案として提出する場が与えられなければ、そのままになってしまうし、仮に与えられたとしても、組織としての認識がないならば、その提案が採り上げられないということも十分にあり得るのである。

　我々は日々学生に接し、学生と話をしたりしているため、学生のことを理解できていると思いがちである。しかし、そのことと、組織としてきちんと学生のことを理解しているということは違うのである。学生の声を皆で聞き、そのことについて意見交換をし、対応方法を考え、それを実行していくということをしていかなければ、学生の声を聞いているとは言えないのである。

　少し遅ればせながらではあるが、来年には大学として学生の声を聞く機会を設定していきたいと考えている。具体的な手法については考慮中であるが、学生が自由に話せる、すなわち、どのような発言をしても不利益を被らないという安心感を与えるということが不可欠なことであるので、皆の意見を聞きながら方法を模索していきたいと考えている。

18　分かっちゃいるけど動かない

◇理解と行動

　以前、「大学の戦略的広報」という本を書いたことや、私自身が長い間、大学で広報に従事してきたということもあってか、ときどき、広報に関する講演を依頼されることがある。参加者の感想を読

第4章　基本戦略を活動につなげる　**149**

んでみると、参考になったとか、言われたことを実践したら募集が改善したので３年ぶりにまた参加してみたなど、ありがたい感想が幸いにして多いのであるが、中には、既に知っていることがほとんどであった、というような厳しいものもある。

　では、その学校の広報がうまく機能しているのかといえば、そうでないケースがほとんどである。私の話す内容をほとんど知っているのであれば、ある程度のレベルの広報戦略が策定でき、それが実践されれば、ある程度の効果も期待できるのではないかと多少は自負している。ところが実情はそうでないとするならば、知っているつもりではあるが、本質的なところをきちんと理解できていないのか、あるいは知ってはいるが行動には移していないということが考えられる。

　この場合、おそらく両方の事情があるのではないかと考えている。例えば前者の場合であれば、「受験生が重視している事柄に対応するアピールでなければ効果がない」ということは分かっているのであるが、自学の受験生が何を重視しているのかということに関しての正確な認識がないため、ピントのずれたアピールになっているという状況である。これは適切な行動を生み出せないという意味では、後者とも重なり合う状況といえる。そしてこのような状況は、私の限られた経験からではあるが、結構、多いのではないかと感じている。

　私の短大でも、受験生や高校の先生に情報を継続して発信する必要性は伝えているので、広報担当者もそのことは分かっているのであるが、どのような情報が伝えるべき情報であるのかとか、どのタイミングで伝えていけばいいのかといったことについての感覚が、まだ十分とは言えない状況である。高校訪問にしても然りである。高校の状況や競合校の情報を聞き取ってくる必要性は認識していると思われるが、何が今、自学にとって聞き取るべき情報かということの認識が不十分といえる。

そして後者の、知ってはいるが行動には移せていないという状況は、良く見られる状況といえよう。これも前者と理由は共通で、知識として一応知ってはいるが、その有効性や必要性が十分に認識できていないということである。そのため、行動に移すという誘因が働きにくくなっているのである。ここが改善できたならば、その大学の成果は大きく向上していくことは間違いないと思われる。

◇なぜ積極的な行動が生じないのか

　先日、いろいろな大学と仕事で関わっている人と話す機会があった。その人が、いつも感じていることの一つが、行動した方がいいことと思われることでも、どうして大学職員の人たちは行動しないのかが不思議だということであると話していた。このことは、この本でも何度か話題にしていることであり、大学の改善・改革を妨げている大きな課題といえる。

　私も自分がいた大学や支援した大学で、行動が先送りされるケースをたくさん見てきた。いいアイディアは出てくるのであるが、「忙しいでしょうから次からに」ということになってしまうのである。担当者を気遣っている美しい発言のようではあるが、その実、心地よい風土をかき乱されないための発言のようにも思われるのである。人間、誰しも今の状態での不都合がない限り、変化するということは避けたいと思うものだからである。

　大学のアドミニストレーターとしての職員を養成する大学院の通信課程で授業を担当しているが、そのスクーリングでの話し合いの中で、なぜ大学は動きが悪いのかというテーマになった際に、ある大手の私立大学の若手職員が、自分の職場では決められた以外の仕事をすることを良しとしない風土があるという発言をしたのが印象に残っている。そういえば私が以前いた大学でも、パートの職員が、働き過ぎだと正職員に言われたという不思議な話もあった。やはり皆で、働き過ぎないような均衡状態をつくりだしているということなのであろうか。

もちろん、大学特有の慎重さということも、理由にはあると思う。大学では慎重な行動というものが尊重されてきたので、とりあえずやってみようというような姿勢は、慎むべきものとされてきたといえる。よく考えるということは、もちろん大切なことではあるが、厳しい方向での変化が激しい最近のような状況にあっては、ある程度考えたならば、とりあえず実行してみるというスタイルでないと、考えている間に環境が変わってしまい、また考え直さなければならないといったことにもなりかねないので、大学も行動する組織へと変わっていかなければならない。

◆行動を生み出すためには

　積極的な行動を引き出していくためには、大学という組織の風土を変えていかなければならないといえる。では、どのようにして、行動しないということで保たれている絶妙の均衡を破っていけばいいのであろうか。一つで絶大な効果を発揮する特効薬というものはないと思われるので、いくつかの合わせ技で行く必要がある。

　その一つが、基本方針を明確にするということである。行動が生まれにくい原因の一つとして、新しいことをやれと言われても、何をしたら適切なのかが分からないということもあるのではないだろうか。顧客満足度が高いことで有名なあるホテルでは、お客様の喜ぶことであれば何でもしていいという文化があるということを聞いたことがあるが、このような基本方針があると行動は生じやすいのである。その意味でも、リーダーは行動の是非を判断できる程度に明確な基本戦略を策定し、それを教職員に示していくことが求められるのである。

　もう一つの大きな理由として考えられるものは、大学の職員の働き方というものの内容が、外部からは分かりにくいということではないだろうか。特にデスクに一人一台パソコンが設置されてからは、余計に分かりにくくなっているように感じられる。皆、真剣な顔で画面を見つめているので、熱心に業務に取り組んでいるように

見えるからである。誰しも、自分がやるべきことをしていないことが、他の人から分かるような状況になっていれば、やらざるを得ないが、そうでないならば、どうしても楽な働き方になってしまうからである。

　では、職員の働き方を可視化するためには、どうしたらいいのだろうか。数値化するなどができる定量的な業務に関しては、数値化を徹底することである。例えば、月に一度は高等学校に対して情報を発信するといった具合である。そして必ず、発信したかどうかが他の人にも分かるようにしておくことである。そうしないと、行動が消滅してしまう恐れがあるからである。

　数値化できない業務に関しては、期限の明示を徹底することが必要である。通常、業務には期限というものが必ずあるわけであるが、大学の場合、その設定が比較的、曖昧なケースが多いように感じられる。明確な期限が付されることで、初めて行動が誘引されることになる。例えば、この企画書を明後日の午後５時までに仕上げるように依頼するといった具合である。これは、大学に不足しているスピード感の醸成にも資することになる。

　厳しい環境の中で成果を出すためには、「Just do it」、それしかない。

19　目標を明確にする

◇年が新しくなり

　大学の場合、４月から３月が一つのサイクルなので、４月が新しいサイクルの始まりとなるわけであるが、それでも年が改まると、新たな決意をしたくなってくるものである。最初の出勤日、教職員が一堂に会して、短時間ではあるが顔合わせの時間を持った。その中で私が簡単な挨拶を行った。

　お決まりの挨拶にとどめようかとも思ったのであるが、折角の機会なので、戦略的なポジショニングの必要性と絡めて、私がなぜこ

第４章　基本戦略を活動につなげる　**153**

の短期大学の目指すべき姿を「卒業後の進路が確かで豊かな短期大学」としたのかを話した。時々は断片的に話している内容ではあるが、機会あるごとに伝え続ける必要性を感じていたので、新年の顔合わせという短い時間の中ではあったものの、改めて話した次第である。

　なぜ目指すべき姿を伝え続ける必要性を感じたかといえば、私がこのようにしてほしいという要求を出すと、一応は実施してくれるのであるが、内容や、対応までの所要時間といったことに不十分さを感じることが何度かあった。これならば、自分自身がプレーヤーとして実行してしまった方が早いなとか、人を動かすということは、やはり難しいことだなと感じていた。

　最近、読んだ本に書かれていた内容で、心に残ったことがあった。それは、職場であれ家庭であれ、何か困ったことが起きると、人間というものは、その原因を内にではなく外に求めてしまう。そのことによって自分を正当化することで、心の平衡を保っている。しかし、そのことが、いつまでも問題が解決しない原因になっているというものである。これを読んだ時に、大学の教職員が思った通りに動いてくれないと感じていた自分も、原因を外に求めていたことに気付いたのである。

　そしてその結果、自分の思い、すなわち、どのような短期大学にしていけば、地域社会で必要とされ、生き残れるのかということを、まだまだ十分に伝えきれていないということに思い至ったのである。そしてその前提として、短期大学というものは、現在、どのような状況の中におかれているのかといった状況認識、それに基づく危機感の共有、今すぐに何とかしなければいけないという気持ちを教職員に起こさせるということが十分に出来ていなかったのである。

　このような状況であれば、私が自分の心の中でこれは重要なことだから、スピーディーに、全力を挙げて実施してほしいと願いつつ

依頼をしても、それはほとんど伝わらないものになってしまい、その結果、各自の業務の遂行が優先されるということになってしまうのである。このことを新年にあたり、強く感じ、反省した次第である。

◇今年の目標は

これは新年度の目標とも重なることであるが、昨年を振り返り、今年の目標を三つ掲げることにした。一つは、学生の満足度を上げていくということである。毎年、学生に対してアンケートを実施し、学生の状況やニーズの把握に努めているが、そのアンケートの最後に、「後輩から本学入学に関して相談された時、あなたは本学入学を勧めますか」という設問がある。私は、この設問に対する答えが、本学での二年間に対する学生の最も率直な評価を表していると考えている。

勧めない理由として、本学だからということでなく、短大は二年間で慌ただしいとか、勉学等が十分にできないといったこともあると思うが、そのことも本学は克服していかなければならない。二年間で十分であったと感じさせる学生生活にしていかなければならない。このため、この設問に対して「勧める」と答えてくれる比率を、80％とすることを目標としたのである。

既に、二回分のアンケート結果が出ていて、満足要因、不満足要因はおおよそ把握できているので、それらを緊急度、重要度の基準に照らし合わせて選択し、可及的速やかに改善していかなければならないと考えている。

二つ目の目標は、コース制がスタートする年なので、コース毎に特色あるプログラムや取り組みを企画し、それを着実に実施していくことである。特に新しい分野としてコース化されたビジネスキャリアコース、グローバルキャリアコース、音楽コース、福祉・心理コースの四つのコースについては、新しいプログラム、取り組みを早急に企画していく必要がある。各コースの個性を、受験生や学生

第4章　基本戦略を活動につなげる　**155**

のニーズに沿った形で、いかに明確にできるかということが、コース制開設の成否を分けることになるからである。

　特に、新たな分野をカテゴライズした前記四つのコースについては、これが確立されれば、競合との差別化を図ることが可能となるし、また、今まで興味・関心を引くことのできなかった新たな顧客層を取り込むことも可能になるからである。このコース制に関しても、私が描いているゴールビジョンを折に触れて説明し、自主的かつ積極的な活動が生じるような環境にしていかなければならない。

◇活動を導く広報

　三つ目の目標は、広報活動の強化である。かつての恵まれた環境下での広報は、自学の内容を顧客である受験生や高校の先生に対して伝えることで、こと足りていた。それは、入学を希望している受験生と、受け入れ側の大学とで構成される進学マーケットの需給関係が完全な売り手市場であり、人気のある大学から順に、最後の大学まで入学希望者を当てはめていっても、まだ入学希望者が残ってしまうという状況であったため、それ以上の活動をする必要がなかったのである。

　それが、18歳人口の減少と大学数の増加により需給関係が逆転し、買い手市場となった現在、単に大学の内容を伝えているだけでは不十分で、学生という人を育てる協働者として高等学校との間でどのような関係性を構築したらいいのかといったことや、どのような機能、役割を果たせば、受験生・保護者といった顧客にとって必要な存在となれるのかといったことを考え、実践していかないと、選ばれる大学になれなくなってきているのである。

　そうであるならば、広報活動に関しても、目指すべき姿を明確に共有した状態で行うことが不可欠となってくるのである。「卒業後の進路が確かで豊かな短期大学」というゴールに向けて、具体的にどのような活動を行っているのかということや、その成果として学生がどのように成長し、目指すべき姿に近づいて行っているのかと

いったことを、タイムリーに、適切な方法で関係者に伝えていくということが求められるのである。

　また、それだけではなく、顧客や市場の状況や変化を的確に把握し、それを内部に伝えることで、ゴール達成の手段としての様々なプログラム、取り組みを充実させたり、見直したりしていくことも、広報部門の果たすべき重要な役割となる。そして場合によっては、目指すべき姿の修正を求めるということもありうることである。私が2014年に執筆した「大学の戦略的広報」のサブタイトルに、広報は「学校を変える秘密兵器」と表現したのであるが、これは、このような広報活動を念頭に置いたものである。

　以上の三つの目標は、いずれも簡単にはいかないことである。リーダーの役割として、これらの活動を強力に促進していくことは不可欠であるが、それだけでなく、時には立ち止まってその歩みを確認し、承認し、皆の足並みを揃えつつ、充実感を持って進んでいくことが大切である。今年も厳しい年であろうが、それを楽しむ心も持ち続けていきたい。

20　業務の効率化を図る

◇業務の効率化

　2017年度からのSD（Stuff Development）の義務化に伴って、大学職員の働き方というものに注目が集まっている。単なる事務処理を行うということでなく、大学の方向性を決めていくような戦略立案能力、戦略を実現していくための企画力、周囲を巻き込んで事を進めていくマネジメント力といった力の養成を図ることが課題となっている。

　競争環境の厳しい市場においては、いかに他と差別化された価値を、顧客である学生に与えることができるかどうかが組織の成否を分けることになるので、このようなことを考え実践していく力が職員に求められるようになったのは、環境の変化から考えると当然の

第4章　基本戦略を活動につなげる　**157**

ことといえる。

とはいっても、これまでやっていた事務処理がなくなるのかといえば、そのようなことはないので、それをやりつつ新しいことに取り組まなければならないのである。そうなると事務処理にかかっていた時間をできるだけ少なくして、新しい時間を生み出すことが必要となってくる。ここで出てくるのが、業務の効率化を図るということである。

最近、国立大学の職員の方たちと情報交換をする機会があり、国立大学も業務量が非常に増えてきているにもかかわらず、人員は削減されるという状態なので、業務の効率化は喫緊の課題であるといっていた。私の短大でも少ない職員数で業務を処理しているので、新しい業務を取り入れるためには、既存業務の効率化は必須といえる。

業務自体の効率化ということを考えると、省けるプロセスを見つけることと、一つの業務処理に要している時間を短縮することになると思われる。その点検・改善ももちろん必要なことではあるが、私が自分自身、事務処理をしてきた経験や管理する立場としての経験、そしてその後、外部から事務処理を見た経験等から考えると、個々の業務処理というよりも、それらの連携や協働といったことが適切にできていないことが、業務の効率的な遂行を妨げているように思えるのである。

特に最近は、全職員がパソコンを前にして仕事をするというスタイルになっているため、上司にも部下の業務処理の状況が明確に見えてこないので、部下が現在どのような業務に取り組んでいるのか、その中でどのような課題を抱えているのかといったことが把握しにくくなっているし、同僚の間でも、お互いがどのような状態で、どのような仕事に取り組んでいるのかといったことが、きちんと理解されていないという状況になってきていると感じられるのである。

◇会話による業務の可視化

　以前、コンサルタントとしてある大学の学生募集の支援をした際に、このようなことを継続して実施していくと、受験生増加につながりますよと、ある活動を勧めたことがあった。責任者の人はその効果を納得し、早速、担当者に話して実施してみますということになった。次に訪問した際に、あの件、どうなりましたかと尋ねたところ、担当者に話したが、忙しくてその活動をする余裕がないということで断られてしまったという。

　常に忙しいということもないだろうとは思ったが、それ以上、進めることもできないのでこの提案は実施されずに終わったのであるが、このケースなども、上司が部下の仕事の状況を、きちんと把握できていないということを表しているものといえよう。そしてこのような状況は、私の知る限りでは結構、多いように感じている。特に中堅以上の職員比率が高くなり、通常の業務が滞りなく処理されているという状況のところでは、あえて部下の仕事の内容を知らなくても支障がないということで、そのような必要性を感じていないからだと思われる。

　私が事務部門の管理職をしていた当時は、その大学を定員割れから回復させなければならないという状況であった。職員数が少ない組織だったため、入試・広報・就職支援をすべて担当して改革を進めていったので、とにかく多くの業務を処理しなければならなかった。私も含めて専任職員４名、パート職員２名という陣容で、およそ600校の高校訪問を年に２、３回、センター試験実施を含めすべての入試業務、２つのキャリア系授業の企画と実施、就職ガイダンスやインターンシップの企画と実施、面接指導など、今、思い起こしてもよく処理できたと感じるほどの仕事量であった。

　そのようなことがなぜできていたのかといえば、メンバーが互いに他のメンバーがどのようなことに取り組んでいて、どのような支障が出ているのかとか、どのくらいの業務量を抱えているのかと

第４章　基本戦略を活動につなげる　**159**

いったことを、かなり詳細に把握できていたからだと思っている。これからは、「気楽にまじめな話のできる組織」になることが必要だと、平素、話しているが、まさにそのような状態だったのである。

　部屋の中では、いつも仕事に関する会話が飛び交っていて、そこで出てきた課題に対しての協力の申し出や、アドバイスなども多く出てくるという状況であった。このような状況だったので、各自の持っているパワー、時間といったものが、無駄なく、効率的に組み合わされて、その部門の業務を遂行することができたのである。その結果、大きく定員割れした状態から、無事、回復することができたのである。

　チャート等を使って業務を効率的に組み合わせたり、業務の流れを変えたりといった効率化も大切なことではあるが、構成メンバーの相互理解に基づいた組織の一体化ということが、何よりの業務の効率的遂行に資するシステムであると考えている。

◆日報の勧め

　私の所属している学園は、少ない職員数ということもあってか、学校間の職員の異動というものがほとんど行われてこなかったため、各自が担当業務に関しては習熟しているという状態となっている。そのため、平素の業務処理に関しては各自が独自で処理できてしまうので、業務遂行に関してのコミュニケーションは少ない状況となっている。そのためか、必要な情報が報告されなかったりとか、共有されなかったりということが生じることがある。このような事態を防止するために、業務上のコミュニケーションを増やしていくという方法もあるが、必要性を感じないとなかなか難しいことである。そこで考えたのが、メールによる日報である。

　上司に対して送信するものであるが、メーリングリストにして他の職員も見られるようにするのである。内容は、その日にどのような業務をどの程度実施したか、課題や問題点、相談したいことなどを書いてもらうものである。毎日、日報を書くことで、各人も自分

の業務を振り返ることで気づきを得ることが期待できる。また、上司が部下の業務遂行の状況をきちんと把握できることで、適切な業務配分や課題に対しての早期の対応が可能になるのである。そして、同僚もお互いに相手の日報を見ることができるので、自分の業務との連携や協働といったことが図りやすくなるのである。

　隣にいて仕事をしているにもかかわらず、情報が共有できていないということは、よく聞く話である。組織をつくる主要な目的は、互いに協力し合い、補い合うことによって、人数の総和以上のパフォーマンスを発揮できるようにすることだと思う。そのためには、各自の仕事の状況を「見える化」することが大切なことである。それによって、「見える化」されても困らない働き方も促進されることになるのである。

第4章　基本戦略を活動につなげる　**161**

第4章「基本戦略を活動につなげる」 ここがPoint

○活動内容の発信は、対象に応じて適切な方法を選択すること。
○受験生の大学選択プロセスや、持っているニーズに合わせた、ロジカルな広報活動が成果を生む。
○組織を挙げて、受験生のニーズに合った自学の強み、特色を「語り尽くす」ことが重要である。
○目指すべき姿を実現させる取り組みと成果を、一貫性を持って伝える広報が求められる。
○適切な大学経営のためには、学生の状況を定期的、継続的に把握し、共有していくことができる仕組みづくりが大切である。
○何が大事かを伝え、詳細は現場で考えてもらうことが、トップダウンとボトムアップの適切な融合となる。
○サクセスストーリーの共有が、教職員満足度の向上につながることである。
○職員力の向上を図るために不可欠なことは、目指すべき職員像の明確化である。
○SDでは、大学の到達地点を描ける職員力を養成すべきである。
○組織の行動力を高めるためには、動ける人、動く必要を痛感している人に権限を与えることである。
○発表の場、活用の機会を与えることが、考える力、行動力を生み出す。
○行動を生じさせるためには、行動の基本方針を明確にすることが重要である。
○業務の効率化は、各自の業務処理を連携・協働させることで図ることができる。

第5章 結果の明確化と振り返り

1 何もしない成功

◇**これまでを振り返ると**

　学長就任の一年目は、様子もわからなかったことに加えて、予算も活動計画も、そのための実施体制といったことも、既に決められていたため、具体的な活動というよりは基本方針として「卒業後の進路が確かで豊かな短期大学」を目指していきたいということを強調し、共有を図った。そして、この基本方針を着実に遂行していくために必要と思われることを、いくつか実行した。その一つが、従来、設置されていなかった就職委員会を新設したことである。

　今では国公立大学でも設置されている就職委員会が、就職環境が極めて良好とは考えられない人文・社会系の短期大学に、なぜ置かれていないのかが不思議だったので、会議の席で尋ねたことがあった。すると、開学当初から勤めている一人の教員が、当初は開設されていたが、途中から、もう要らないだろうという判断により廃止されたとのことであった。

　誰がどのような状況を基に、「もう要らないだろう」と判断したのかは知る由もないが、そのような判断をすべきと考えられるような状況があったとは思われないし、そのような判断をした大学の例も聞いたことはない。もちろん、教員を入れた委員会という組織でなく、職員だけの組織で十分であると判断したという可能性は否定できないが、本学がそのような状態にあったとも思われないのである。

　では、なぜそのような判断が行われたのであろうか。大学は、これまで決断の遅い組織であるといわれていた。そしてその原因の一つに、慎重に考える体質であることが挙げられていたが、実はそう

ではないのではないかと感じている。慎重に考えるといっても、学生など関係者の声、評価、そしてニーズといったことを基にして考えるのではなく、参加者の意見だけで考えていたケースが多いように思われるのである。それだから、意見の対立がある場合には、決定までに時間がかかることになってしまうのである。そしてようやく決まったとしても、客観的なデータに基づいたものではないので、適切でない判断になってしまう確率も低くないことになってしまうのである。

　このようなことを大学運営に関して感じていたので、何か事を決めようとする際には、関係者の声を基に話し合うこと、関係者の声を聞くことが出来ない場合には関係者の立場で考えてみることを心がけたつもりである。そして、予算も手間もそれほどかからないことであれば、とりあえず実行してみて、上手くいかなかった点を修正していこうという姿勢を取っていった。そうしていかないと、変化がなかなか目に見えないことになり、改善・改革の勢いが消えていってしまうことになるからである。

◇本当の失敗とは

　人間、どんなことであっても新しいことを行うということは、決断を要することである。そして変化を起こした後に状況が悪化した場合、その変化が原因と結びつけられやすいため、余計に変化を起こすことを躊躇しがちになりやすい。一方、新たなことを行わず、これまでのやり方を怠けることなく踏襲していけば、仮に状況が悪化したとしても、環境のせいということで片づけられやすいといえる。

　私自身、四年間という任期の中でことにあたる姿勢としては、二つの選択肢があった。一つは、これまでのやり方の中で少しずつ改善を進めていくというやり方、もう一つは何か新しいことを始めるというやり方であった。前者を選択したならば、頑張ってはみたが、予想以上の速さで進む環境の悪化と、持てる資源の少なさとい

う悪条件を克服するには至らなかったという言い訳が、最終的には退路に花を添えてくれることになるかもしれない。

　それに対して後者を選択した場合、うまく進めばその手腕が評価されるが、状況が悪化した場合には、余計なことをしたため状況悪化を招いてしまった、すなわち失敗をしたという評価が下されやすい。しかも新しいことを始めるといっても、極めて限られた資源の中でのことであるから、人気学部の新設といったような、高い成功確率が見込まれるような手法は取れないため、その分、リスクも高いことになる。

　学長に就任して感じたことは、我が短大を取り巻く環境は非常に厳しいということと、しかしながら、新たな競合が出現してくる可能性や、四大への進学率、特に女子の進学率が着実に伸びていく気配もそれほど感じられないということであった。ということであれば、現状を踏襲という選択も十分に考えられることであったが、私自身、新しいことに挑むことが好きであり、これまでの路線を着実に継続していくということが得意でないということもあり、コース制の新設を企画し、2017年度からスタートすることとなったのである。

　これがどのような状況を生み出すかは、これから徐々に明らかになっていくことである。軌道に乗るには二年はかかると見込んでいるが、とりあえずの市場での反応は、今回の入試で明らかになる。好結果を祈るばかりではあるが、新しいことに取り組むことの大切さを示せればと願っている。

◇投資と節約

　新しいことを始めたい、この活動をもっと充実したい、この設備を改修したいと、やりたいこと、やらなければいけないことは山ほどあると感じている。しかし何をするにもお金がかかる。本学では、これまで非常に厳格な節約路線が敷かれていたようである。教職員の人たちは、それに慣れているようなので、壊れたら直すと

いったこと以外の新たな支出はあまり望まないような体質になっているようにも感じられた。

　私はどちらかといえば節約しない方に属するタイプのようで、家庭でももう少し節約をしなさいと妻に諭されることも少なくないので、大学での発言もそのことを意識しているのであるが、それでも、やはりここは使うべきではないかと思うことも少なくない。もちろん経費節減ということは、組織を経営していく上では欠かせない重要な視点の一つである。しかし有効な投資ということも、もう一方の重要な視点であることも間違いない。その使い分けを、どのような基準を立てて、いかにして適切に行えるかどうかが、組織の発展を左右することになる。

　投資の効果は将来のことなので、目に見えず不明確であるのに対して、節約の効果はすぐに数字に表れてくる。このため、どうしても節約を優先しがちである。経営陣としても、将来の不確実な収入を当てにするよりも、当面の支出を抑制する方が安心という気持ちになりやすい。しかしそれでは、じり貧となる恐れがある。魅力度を増すための投資は、組織を継続させるためには不可欠である。

　私自身が基準としていることは、もちろん収支のバランスの範囲内という条件はあるが、おおよそ業界平均レベルに到達するまでは各領域に平均して投資を続け、運営の工夫によって収入増を図っていく。そしてその後は、戦略の内容に従って選択と集中等を行い、投資案件を決めていくというものである。

　この基準で考えると、現状、施設・設備に関しては、毎年、着実に改善していく必要がある。また、対外的なアピール、学内での支援に関するマンパワーについても同様である。それは人数を増やしていくという要素もあるが、個々人の能力をさらに開発していくという要素もある。この点に関する支出については、例え浪費家と呼ばれようとも、「いいえ投資家です」と答えていこうと考えている。

2　振り返りの視点

◇日常業務と改善

　定期試験も終わり、学内が静かになった。あと残されたものとしては、二回の入試と卒業式となった。そのような中で、次年度から新たに依頼する、非常勤講師に関しての話し合いが行われた。事務局側としては、人件費増にならないという視点が提示され、教学側からは、教育内容のより充実を目指してという視点が提示され、その調整を図る話し合いである。

　人件費は投資の要素が大きいと考えているので、可能な限り要求を入れていきたいと思ってはいるが、収支のバランスからくる予算面の制約というものも当然考慮しなければならない。そこで当面の間は、本学が特に重視している教育内容の充実につながるものに関しては認めることとし、それ以外については予算の範囲内で対応するということにしている。この話し合いの中で、非常勤講師が担当している科目の最低開講人数が話題となった。古くからいる人に訊いてみると、以前に定めたような気がするが、今は適用されていないようだとのことであった。

　誰しも緊急な要件には対応せざるを得ないので、非常勤講師を依頼する必要が生じれば、依頼はするのであるが、それ以外の、当面定めなくても支障のない条件等に関しては、定められないままになってしまうことが少なくない。それは点検するという仕組みがないからである。そしてその理由は、点検するということは手間のかかることで、非常に面倒なことであるからである。見直す対象は大学運営全般にわたるため、すべてを対象とすることは不可能であるが、かといって明確な選定の基準もないので、何を対象に点検をしたらいいのかが分からないという事情もあると思われる。

　もちろん、見直しの対象として特定しやすいものもある。行事やイベントなどが、その例である。入学式や卒業式、オープンキャン

パスなどに関しては、実行後、振り返りの時間を持ち、反省点を挙げて次回への改善につなげている例は多いと思われる。しかしこれが日常的に行われている教育活動や支援活動、そして対外的な広報活動等であると、単発の活動ではないため、見直しの機会を逸しがちとなる。

　振り返って見直しの機会を設けないならば、改善にはつながらない。実行することはもちろん大事なことであるが、振り返って改善につなげることも極めて重要なことである。この点に関して、私自身、三つの観点を設定している。

　一つ目は学生の満足度とその要因に関してである。ここは最も重要なところなので、この変動の把握とその要因についての振り返りは必須のことである。

　二つ目は教職員の能力開発についてである。FDやSDといった活動は、今やどの大学でも行っていることであるが、その成果に関して検証している例は多くないように感じている。ここはきちんと目指すべき教職員像を設定し、実現の度合いをチェックしていかないと、効率的かつ効果的な教職員の能力向上は図れないこととなってしまう。

　三つ目は能力開発とも関連するが、教職員の満足度（働き方の充実度）に関しても定期的に把握し、点検することである。ここはすべての活動の源であり、これが高くないと学生満足度も向上していかないからである。

◆当事者意識とは

　学長就任にあたり言われた、「これまでのコンサルティングの知見を現場で試してみてください」という言葉が、就任を決意することに最も大きな影響を与えた言葉であった。コンサルタントとして活動していた時は、アドバイスをしても、それがなかなか実現されず、残念な思いを抱いたこともあったが、自分がトップとして組織を動かしていくのであれば、そのようなことはないだろうと思った

のである。

　ところが、ことはそう簡単には進まなかったのである。もちろん現場のトップとして指示をしていくので、方向性としては指示した方に向かって進んでいくのであるが、何としてでも進めていこうという、迫力まではなかなか感じられないのである。これを行っていけば、自分たちにとっても明るい未来が開けるというのに、なぜ多少の無理をしてでもやっていこうという気迫が感じられないのかということに対して、少なからず疑問を感じたのである。

　この理由としては、いろいろな要素があると思う。このままでは潰れてしまうというような状況は、これまでほとんどの大学は経験していないので、切迫した危機感までは感じていないということもあると思う。また、日常の業務が忙しく、新たな業務になかなか時間が割けないといった事情もあるかもしれない。でも一番の理由は、教職員の当事者意識が弱いということではないかと考えている。

　企業等の場合、自分がこの会社を支えている、動かしていると感じていて、自分が休んだら支障が出るので無理をしてでも出社する社員がいるといった話を聞くことがある。それは多くの場合、勘違いであるのだが、そのような意識を構成員が持っている組織は、危機的状況に対して強い組織であると思う。これが大学の場合はどうかといえば、教員でいえば、研究のための身の置き場、糧を得る場として大学を捉えているケースや、職員でいえば、与えられた役割を過不足なくこなすことを働き方としているケースも少なくないように感じている。これは教員でいえば、研究が評価の重要な基準であるからであり、職員でいえば、そのような働き方を志向している人が職員になっているという事情があるのではないかと思う。

◇**当事者意識を持ってもらうには**

　では、そのような状況にある教職員に、どうしたら当事者意識を持ってもらえるようになるのだろうか。当事者意識を醸成する方法

として一般的に言われるものとして、提案の機会を与えるとか、発表の場を設けるといったことがある。これももちろん有用な方法であると思われるので、このようなことも試してみた。しかし、なかなか積極的な提案等は出てこないのである。これは、前述の教職員の意識を考えるならば、当然のことであったと思われる。

このような状況を改善するため、少し前から大学にも評価制度が導入された。しかし、それがうまく機能しているという話はあまり聞かない。それは前述の教職員の意識に対して、評価制度が適切に対応していないからであると思う。私の個人的な仮説ではあるが、大学に合った意欲喚起の方法は、一人ひとりを認めるということだと考えている。これまでは過不足ない働き方が是認されたとともに、それに対する評価というものも特に必要とされないと考えられていたのではないかと思う。すなわち普通に働いてくれれば、特に評価も非難もないということであったように思う。

このような状況の中で、いきなり積極的な行動や当事者意識あふれる行動を期待することは難しいことである。やはり、そのための風土づくりが必要となるのである。それが一人ひとりの存在を認める、働きを認めるということであると考えている。人間誰しも、自己評価と他者からの評価との間にはギャップがあるものである。自分としては結構やっているのに、周りからは評価されていないという思いを持ちがちである。

このような状況に対して、甘いという評価を下すことはある意味簡単ではあるが、それだけではことは進まない。現在の諸大学の状況を考えるとき、母性的な、認めていくリーダーシップを持つリーダーが有用なのではないかと、最近、つくづく痛感している。

3　常に進化を目指して

◇広報活動の変化、進化

今回で六回目となる、日本私立大学協会主催の「広報担当者協議

会」が大阪で開催された。教務や学生指導、就職など、大学運営の様々な部門の研修会があるにもかかわらず、広報部門の研修会がないのは大変残念であると感じ、かねてより開催を要望してきていたものであるが、それがようやく関係者の努力により実現化されたものである。

　私も初回から関わらせていただき、プログラムの検討や講演の担当など、いろいろな形で参加させてもらっている。今回は基調講演を担当ということで、「大学を動かすものとしての広報」というテーマで講演を行った。マーケティング1.0、マーケティング2.0などと、マーケティングの変化、進化が語られているが、それと同じように広報も変化、進化していると感じている。

　広報1.0（これは私がつくった呼称であるが）は、大学の特色や強みを受験生等に伝える活動が中心であった。この時代はマーケットの需給関係が売り手市場であったため、それ以上の活動をする必要性がなかったといえる。すなわち、広報担当者にとって、最も快適な時代であったといえる。

　それが18歳人口の減少と、それにもかかわらずの大学数の増加により、マーケットの需給関係が買い手市場に転換してくると、今度は大学の良い点を伝えるだけでなく、市場の中で選ばれるようになるための活動が求められるようになってきたのである。それが広報2.0に位置付けられる、受験生や高校の先生との信頼関係の構築というものである。このために各大学は高校との連携を積極的に推進し、受験生とのコミュニケーションを重視するようになったのである。

　しかし環境がさらに厳しくなってくると、大学の良い点を伝え、顧客との関係性を構築するだけでは選ばれることにならなくなり、本丸である教育や支援の内容が問われるようになってくる。そうなると、自学のターゲットを想定し、その状況を把握し、そのニーズを探り、それに対応した教育・支援をしていくことが、選ばれる大

第5章　結果の明確化と振り返り　**171**

学となるためには不可欠となってくるのである。そしてそれを支援していくことが、これからの広報の働きとして極めて重要になってくると思われる。それが広報3.0であると考えている。

　私の短大でも、当然、担当者による広報活動は行われているが、人的資源の関係もあり、残念ながらまだ広報1.0の段階にとどまっている。人的資源の少ない大学、短大においては、総力戦でことに当たる必要がある。広報担当者だけでなく、すべての教職員が広報3.0を意識し、実践していくことが求められることになる。まだまだその意識レベルには至っていないが、機会あるごとにその必要性を説いていきたいと考えている。小さい組織だからそうするしかないのであるが、そうなれたなら最強の組織となれるはずである。

◇**成功事例の有用性は**

　前述の広報担当者協議会のプログラムでは、毎回、事例発表というものが行われている。もちろん失敗事例というものもあるはずであるが、発表されるのは当然ながら、成功事例ということになる。この事例発表に対しての参加者のニーズには、結構、強いものがあると感じている。私がコンサルティングをしていた時も、多くの大学で成功事例を聞かせてくれという要望が非常に強かったのを覚えている。私の短大でも、教職員研修で外部講師の話を聞くとしたら、どんな話が聞きたいか尋ねたことがあった。すると多くの答えは、上手くいっている短大の話を聞きたいというものであった。

　なぜ成功事例を知りたいのかといえば、それと同じことを行うことで自学の状況が良い方向に変わっていくことを期待するからである。成功事例は実際のケースなので、そのような期待をしてしまう気持ちも良くわかるのであるが、しかし多くの場合、その期待は裏切られることになる。それはなぜかといえば、ストーリーとして模倣しないからである。どのようなストーリーが流れて成功したのかということに注目しないで、表面的な活動だけを模倣してしまうからである。

172

過疎なエリアにありながら募集面でも健闘している大学が、非常にユニークなテレビCMを制作していた。研修会でそのCMを紹介したところ、そっくりのCMを制作した大学が表れて驚いたと、その大学の関係者が話していた。そのCMが成功の秘訣であると判断したものとも思われるが、大学が成功しているストーリーを見ずに、表面的な活動を模倣した典型的なケースといえる。

　私の短大でも出てきたように、教職員が上手くいっている大学の話を聞きたいという気持ちは非常によくわかるのであるが、成功事例に頼った時点で、その大学は思考停止になってしまうと考えている。ストーリーとして模倣することの必要性を述べたが、そのストーリーが語られる環境は刻々と変化しているのである。そのような中で、唯一、当てになる視点は顧客に与える価値ということであるが、成功事例にとらわれるあまり、そこに考えが至らなくなるからである。

　この点をきちんと意識できているならば、どのような環境にあっても、自学がどのような状況であっても、成功ストーリーは生み出されてくるものであると思う。商売成功の最大の秘訣は、「それは人の役に立つのか、人の価値を高めることなのか」との問いかけであると言われているが、大学経営においても同じことだと確信している。

◇卒業する人たちに

　三月の半ば、本学の卒業式が行われた。学長式辞の中で、二つのことをメッセージとして伝えた。一つは、自分の成長に欲張る人になってほしいということである。人間には二通りの欲求があり、一つはモノやお金が欲しいといった欲求である。これらは欠乏欲求といわれていて、満たされないと不満を感じる欲求であるので、このような欲求に対して欲張りになることは、常に不満感を持つことになってしまう。

　これに対してもう一つの成長欲求は、成長することで満足感を感

じ、意欲が高まるものである。また、いくら追及しても、周りの人から何かを奪うということにはならないものである。この欲求を充足することに、ぜひ貪欲になってほしいということを伝えた。

そして二つ目のメッセージは、他者のためにも生きる人になってほしいということである。各自が自己のためだけを考えて生きているような社会は、決して豊かな社会にならないと思う。他者と分かちあう気持ちを、お互いが持つことで、一人ひとりの人生が豊かなものとなり、それが豊かな社会をつくることになる。そのような生き方をする人になってほしいと伝えた。

これは卒業する学生へのメッセージであるが、それと同時に、自分自身の大学教育、大学経営のあり方に対してのメッセージでもある。今回の三つのポリシーの改定に際し、ディプロマポリシーの中に、成長を志向する意欲・姿勢の大切さ、他者との共生を願う心の大切さを盛り込んだつもりである。

目標に向けて活動計画を策定し、それを実行し、振り返り、改善につなげるといった、いわゆるPDCAのサイクルを回していくことは非常に大切なことであるが、それが収支の均衡、学生数の確保といった視点のみに先導されるのでなく、学生の成長、心の豊かさを志向したものにしていかなければならない。大学を取り巻く環境が厳しくなるほど、心掛けなければいけないことであると痛感している。

4 学生確保のポイント

◇一番の課題は学生確保

二年前、この短大の学長に就任するに際し、最も強く感じた期待感は、学生募集状況の改善ということであった。この短大は二つの学科を開設していて、一つは人文・社会系のいわゆる総合文化学科的な学科であるキャリアデザイン学科、もう一つは幼児教育系の学科である。入学定員はキャリアデザイン学科が130名で、幼児教育

の方が50名であった。

　私が就任した頃の状況は、幼児教育の学科の方が学生の集まりが良く、キャリアデザイン学科の方は、なかなか定員を集めるのが難しいという状況であった。そして、そのような状況が過去数年続いたため、キャリアデザイン学科の入学定員を15名減員し、その分を幼児教育の方に増員するという定員変更を、私が就任する前の年に行ったのである。職業に直結するような資格が取れない人文・社会系の学科は、どこも定員確保が非常に困難な状況になっているので、このような定員変更を行ったものと思われる。

　このような話を聞いていたため、私も学生募集に関しては、幼児教育の学科については、多少、安心感があったので、キャリアデザイン学科の方を強化していく方策を考えることに力を注いだのである。18歳というマーケットに関していえば、学生募集はゼロサムゲームであり、どこかが増えた分、どこかが減ることになる。キャリアデザイン学科の入学者を増やすためには、どこからか入学者を譲ってもらう必要があるのである。

　総合文化的な学科であるキャリアデザイン学科と志願者層が共通と考えられるところとしては、人文・社会系の四年制大学、人文・社会系の短期大学、そして語学・ビジネス系の専門学校が挙げられる。このうち四年制大学は志願者が分野として共通な面もあるが、四年制大学に行ける経済環境がある場合には、短大を選択する可能性は極めて低いと思われる。そうなると残るは短大と専門学校ということになる。そして、県内の人文・社会系の短大の入学定員は非常に少ないので、主として専門学校をゼロサムゲームの相手として設定したのである。

　専門学校と短大、どちらも二年制の教育機関であるが、ここ20年ほどの状況を見てみると、特に人文・社会系においては、短大よりも専門学校の方が健闘しているといえるであろう。その理由としては、資格が取れるとか、就職に強いとか、いろいろなことがあると

思われるが、その一つとして、学ぶ内容が分かりやすいということがあると考えたのである。

　短大の場合も、最近はわかりやすい名称の学科も増えているようであるが、それでもまだ学ぶ内容が学科名からイメージしにくいものも少なくない。私の短大のキャリアデザイン学科も、まさにその一つである。学ぶ内容が明確にイメージできないとなると、その分野に興味のある受験生にも見逃されてしまう恐れがあるということになる。それでは困るので、先ずはこの点を明確にすることを考えたのである。

◆ **どのようにアピールすべきか**

　キャリアデザイン学科の学ぶ内容を明確にすることはもちろん不可欠なことであるが、さらに募集力を強化していくためには、これまでイメージされてこなかった学びの内容についてもアピールできる方が望ましい。これまでのキャリアデザイン学科の学びについての説明は、高校時代に明確な将来像を描けなかった人たちに対して、短大の二年間で将来を考えましょう、そのために幅広い学びを用意していますというものであった。

　これだけのアピールであると、高校時代にある程度、将来の方向を決めることのできた受験生にとっては、学べる中身の明確な短大や専門学校の方が有力な選択肢となることは間違いないであろう。幅広い科目を数多く開講しているということは、その中には当然ながら、将来の進路が明確な人にとっても有用な科目が相当数含まれているということである。これを活かさない手はないと思った。その結果、考えついたものがコース制であった。

　このコース制というものは、既に多くの短大で開設しているものである。短大対専門学校という構図の中で、専門学校の方が優位になっていたという状況があり、その理由が将来の職業がイメージしやすいからだということで、短大でも職業に関連したコースを開設しだしたのである。観光、ブライダル、医療、美容関連など、専門

学校と類似したコースを開設する短大が相次いだのである。しかし
このような対応はあまりうまくいかず、募集状況が芳しくないまま
現在に至っているというケースも少なくないように思われる。

　その理由は、出口である就職面での実績を上げることが、そう簡
単にはいかなかったということにあるのではないだろうか。専門学
校の場合、職業に就くための資格取得や職業に関する専門教育に長
い間の実績があり、教育力、指導力という面では、スキルにおいて
も迫力においても、到底、短大の及ぶところではないからである。

　本短大のコース制は、既にこれまで実施してきた教育内容や、挙
げてきた成果を明確にし、それを区分けしたものであるので、その
意味では出口の実績もあるという点で、前述のコース制とは異なる
ものとして構想したものである。もちろん、これまでの内容だけで
は不十分なところも多いので、今後、強化していく必要はあるが、
学べる内容と卒業後の進路については、だいぶ明確になったのでは
ないかと自負している。

◇募集状況は

　以前にも書いたとおり、今年度、オープンキャンパスの参加者は
増えたのであるが、前半の入試であるAO入試や推薦入試の出願者
は、残念ながら昨年とあまり変わらずという状況であった。その理
由に関しては改めて検証しなければならないが、現段階の仮説とし
ては、前半の入試の段階では、まだコース制に関しての理解度が十
分な状況には至っていなかったということがあるのではないだろう
かと考えている。

　そうであるとしたら、後半の巻き返しを期待することになるわけ
であるが、実際はどうだったかといえば、主として強化を図った
キャリアデザイン学科に関しては、大幅増となったのである。後半
の入試として、一般入試を三回実施しているのであるが、二月に実
施された一般一期入試では、昨年に比べ志願者も倍増し、入学予定
者も倍増したのである。そして二期入試においても、昨年を上回る

第5章　結果の明確化と振り返り　**177**

志願者を得ることができたのである。もちろん、これから入学を辞退されるというケースもあるので、予断は許されないのであるが、順調な状況であることは間違いないといえる。

学生募集状況を改善したいというニーズは、どの大学、短大にもあるものであり、そのための計画も策定されていると思われる。その計画が適切なものであり、効果の期待できるものとなれるかどうかは、これまでも繰り返し述べたことであるが、きちんとした状況認識ができているかどうかにかかっていると思う。自学が対象としている高校生、受験生はどのようなことを考えて大学を選んでいるのか、選び方はどのようにしているのかといったことや、同じ市場を争っている競合校はどのようなことをしているのか、アピールしているのかといったことを、どれだけ正確に認識できているかが、戦略づくりの成否を分けることになると思う。

商品も大学も相手が選ぶものである。なぜこんないいものを選ばないのかと相手を非難しても、事態は一向に改善しないのである。

5 過去最高の入学者

◆2017年度の入学式を挙行

4月3日、2017年度の入学式が行われた。3月下旬から気温の低い日が続いていたが、当日は好天となり、市内の公園の桜の蕾もほころび始めるような暖かな日となった。迎え入れることのできた新入生は、幸いにも過去最高の数となった。短大全体としても、もちろん定員を充足できたのであるが、学生募集に力を入れたキャリアデザイン学科に関しては過去最高、それもこれまでの最高数を大きく上回る入学者を得ることができたのである。これは、私自身の予想をも上回るものであった。

前にも書いたとおり、推薦やAOといった専願の入試の入学予定者は昨年を少し上回る程度の状況であったので、一般入試は昨年並みの基準で合格者を出せば、適切な入学者数を確保できるという読

みであった。ところが、ありがたいことに一般入試の受験者が大幅に増加した上に、手続き率も昨年を上回る結果となったため、こちらの読み以上の入学者となってしまったというわけである。

　なぜ受験者、入学者が増えたのかは、入学後に実施する新入生アンケートの結果等を検証してからでないと正確なことは言えないが、変えたことといえばコース制の新設のみなので、やはりコース制を採ったことが増加要因となったことは間違いないであろう。学ぶ内容が分かりにくかったキャリアデザイン学科の学びを、卒業後の進路と結びつけてコースに区分けしたことにより、学ぶ内容と卒業後の進路が明確になり、これまで関心を引けなかった層の関心を引くことができたのではないだろうか。

　そしてこのコース制は、新たな分野を付け加えるという形でなく、これまで学んでいた内容を区分けして、それぞれの分野での学びを体系的なものにすることを狙いとしたものであるので、新しい人的・物的資源を必要としないということで、進めやすい改組であったといえる。そして卒業後の進路である就職や進学についても、既に悪くない実績を出していたので、その点も、全く新しい分野を付け加えるコース制の場合と異なり、出口の実績もアピールすることができたことも好結果を生んだ原因といえるのではないかと考えている。

　言い換えるならば、これまでが、入り口のアピールと出口の実績との間に離齬があったということである。すなわち、出口では就職や四年制大学への編入学において優れた実績があるにもかかわらず、それを入り口の時点で明確にアピールできていなかったのである。その意味では、今回のコース制新設は、形式的には学科内を改組したということになるが、実質的には、これまで学科内に何となくあった学びの道筋に、きちんと名前を付けただけということもできるのではないかと思う。

　内容は同じであっても、それをどのように伝えるのかによって、

第5章　結果の明確化と振り返り　**179**

伝わり方は大きく違ってくるものであることを、今回のコース制の告知で改めて確信した次第である。

◆変わってきたことは

　学長に就任してから二年が過ぎた。時というのは過ぎてみると早く感じるものであるが、既に任期の半分を終えたことになる。中間時点の総括として、この二年間を振り返ってみて、変わったこととしてどんなことがあるのかを考えてみた。就任した当初は、教職員を理解する意味もあり、皆さんと飲む機会を設けてくださいとお願いしていたので、新しい学長になって飲み会が増えたという声は聞こえて来た。それは望ましいことであると思うが、それだけでは寂しい。また私自身、楽天的な性格であるので、そのせいだろうか、学内が明るくなったといった声も聞こえてきた。私の持論として、リーダーは明るい光を見せながら進むべきだということがあるので、それもうれしい評価ではあった。

　私自身が感じている変化としては、学内が少し活性化してきたということである。これまで大学祭などの行事や、クラブ活動などが、入る年と出る年しかないという二年間の忙しい学生生活ゆえに少し寂しい状況だったのが、昨年の大学祭は活気の感じられるものになり、クラブ活動も吹奏楽やヨガクラブなど、新しいクラブも出来てきた。就任以来、言い続けてきたキャンパス内の挨拶も、少しずつではあるが増えてきたように感じている。

　正面玄関の脇にある花壇にも、色とりどりの花が競うように咲くようになった。私が着任したときは、植え込みと石があるだけの殺風景な花壇であったので少し明るくしたいですねと会議で提案したら、一人の教員が花壇づくりを引き受けてくれたのであった。今年の入学式でも、新入生を歓迎するかのように花がきれいに咲いていた。学内を明るくしようという雰囲気は徐々に浸透していったようで、清掃会社からの派遣スタッフの一人が私の部屋の前の花壇（ここもドクダミが生い茂っている殺風景なスペースであったが）をき

れいに除草してくれ、入学式の何日か前にいくつかの花を植えてくれたのである。

　このほか、暗かった場所にライトを設置したり、滑りやすい階段を補修したりするなど、低予算で対応できるニーズに対しての対応を実施した。単純なことではあるが、変化が目に見えるということは非常に重要なことである。少しずつでも変わることが感じられてくると、その方向に向けての教職員の動きが加速されてくるものである。

◇マンパワーの強化も

　目指すべき姿が示され、そこに向かうプロセスの中で入学者増という明るい兆しが感じられるようになると、さらになすべきことが教職員にとっても明確になってくる。とはいっても、限られたマンパワーであるため、今いる教職員にそれらすべてを押し付けることは、むしろ意欲の減退を招くことにもなりかねない。幸い、今年度は多くの入学者を得ることができたので、スタッフを少しではあるが増強することにしたのである。

　すべての部門で手不足ではあるが、緊急度、重要度の点から考えて、入口の入試広報と出口の就職支援に、即戦力となりそうな人材を補強することにしたのである。人が増えてくると、やはり活気も出てくるものである。人が少ないため、何となく寂しい感じのあった事務室がにぎやかな感じとなり、思いなしか表情も明るくなっているように感じられる。

　増やしたマンパワーをどう活用していくかが今年度の課題となるが、入り口の入試広報に関してはタイムリーな情報発信と、それによる関係者との信頼関係構築に力を入れていきたいと考えている。在学生一人ひとりの活動や状況に留意し、伝えるべき成果等が出た場合には、速やかに高校側に伝えるといった活動を実施していきたいと考えている。そしてそのサイクルを回すことによって、伝えるべき成果をつくりだす活動の強化も図っていきたいと考えている。

第5章　結果の明確化と振り返り　**181**

出口の就職支援に関しては、短大なので一年次の後半から就職活動が開始され、ほとんど高校生と変わらない状態での取り組みとなることから、寄り添う支援という要素も重視していきたいと考えている。この要素があって初めて、すべての学生の卒業後の進路を確かなものにしていけると思うからである。また、私の願いとして、上品な学生を養成したいというものがある。この点についても、キャリア支援の中で心掛けたいと考えている。上品な学生が学ぶ短期大学になるならば、高校生や保護者、高等学校の先生からも信頼され、地域社会からも愛され、必要とされる短期大学となれると確信しているからである。

6　まとめとして

◇戦略的ポジショニングを描く

　この春、過去最高の入学者を迎えることができ、結果としては二年間の歩みはうまくいったといえるのではないかと、少しではあるが自負している。大学に限らず、組織が成果を上げるためには二つのことが必要だといわれている。

　一つは戦略的ポジショニング（市場で顧客から必要とされる在り方）をとること、もう一つは、その戦略的ポジショニングを獲得し、維持していくことのできる組織能力を持っていることである。

　適切なポジショニングを策定するためには、きちんとした顧客認識、市場認識、競合認識、自組織認識が必要となる。したがって時間的余裕があるならば、じっくりと顧客認識等に努めることになるわけであるが、四年間という任期中に成果を出さないとならないということを考えると、そのような余裕はない。また私自身、大学業界で長く働いていたことや、この短大についてもある程度、状況を認識していたということもあったので、自分の持っている認識の中で、戦略的なポジショニングを描いたのである。

　それは、これまで何度も述べたが、「卒業後の進路が確かで豊か

な短期大学」というものである。人文・社会系の大学や短期大学の場合、医療系や資格系の大学に比べると、卒業後の進路の確かさという面が、どうしても弱いのである。学生時代をいかに充実して過ごせたとしても、卒業後の進路が安定したものでないならば、本人にとっても保護者にとっても、大学入学に対しての投資に見合った成果が得られないことになり、満足度は低いものになってしまう。

　特に地方においては、皆が就職を希望する人気企業は東京等の大学からのＵターン学生や地元の国公立大学の学生によって占められてしまうことになり、地元の私立大学の学生が、安定して働ける就職先を得ることが難しいという事情もあるのである。私が以前、所属していた大学でも、出口の就職面において、安定して働ける就職先をきちんと確保することがなかなか難しく、そのことについて常にある種の壁を感じていた。

　こうあったらいい、こうなりたい、しかしなかなかなれない、というポジションを獲得することが戦略的ポジショニングということである。私は、そこに挑戦したいと考え、描いたポジショニングが「卒業後の進路が確かで豊かな短期大学」というものである。もちろん、なかなかなれない姿である。そうなるためには、様々な要素が必要となる。学生の基礎学力や社会人基礎力を向上させること、一般常識やマナー、教養を身に付けさせること、大学と就職先との間に良好な関係性を構築することなど、推進していくためには多くの手間と時間、そして情熱が必要となる。

　しかし、この戦略的なポジショニングを獲得できたならば、しばらくの間は安定した歩みを続けられるのではないかと考えている。もちろん学長としての任期を、無事に勤め上げたいという思いもあるので、すぐに効果の出る戦術的なものも取り入れた。これはこれで効果もあり、組織にもいい影響を与えることではあるが、中期的に安定していける基盤づくりは不可欠なことである。これがないと、新しい学長が就任した際に、積み重ねていくべき土台がないこ

第5章　結果の明確化と振り返り　**183**

とになり、経営活動が、その都度、断続してしまい、継続した成長ストーリーとならないからである。

◇ゴールが決まれば

　すべての学生の卒業後の進路、すなわち、就職であれば安定して働ける就職先、進学であれば将来の働き方に合った編入先を得られるようにするということは、非常に大変なことではある。確かに大変ではあるのだが、ゴールが決まっていることで、大学の歩みは確かなものになることができる。18歳人口の減少が続いていくことで、大学業界は構造的に厳しい環境となっている。その中で何とか光を見出そうとして、各大学は必死の努力をしているのである。

　しかし、これまで厳しい環境を経験したことのない大学業界では、どのようなことをしたらいいのかという指針がないため、皆、手探りで取り組んでいるような状況となっている。そのような中で、きちんと、目指すべき姿というゴールが決まっていないと、その歩みはどうしても不安定なものとなってしまう。目先に美味しそうなものがあると、飛びついてしまったり、掴んではいけない藁を掴んでしまったりということになりがちである。

　大学の中期計画等でよく見かける項目に、学生募集状況を改善するといったものがある。この項目を掲げたい気持ちは十分に分かるのであるが、これはゴールを果たした結果であり、目指すべき姿でも、目指すべき姿を実現するための活動でもない。このようなことを目標として掲げていると、どうしても目先の、小手先的なものに飛びついてしまうことになり、パワーとお金を浪費することになる恐れがあるのである。

　これまでの経験等を基にして、じっくりと考えたなら、どのような大学になれば選ばれるようになるのかということは、おおよそ分かることである。強い、不規則な風の吹いている今だからこそ、どの港を目指すのかを決め、そこに向けて皆で力を合わせて、一歩ずつ船を進めていくことが大切なことである。この短大での二年間を

振り返ってみて、改めてそのことを強く感じている。

◇明るく苦しむ

　大学は多様性を重んじる組織であるといわれる。しかし目標に向けた歩みをしていくためには、基本的な方向性を一致させる必要がある。そのためには、目指す方向性を理解してもらい、その方向性が明るい未来をもたらせてくれるということを納得してもらう必要がある。このために私が心がけたことは、繰り返しアピールし、繰り返し説明するということであった。

　また、取り巻く環境の厳しさを強調するだけでなく、そのような環境下にあっても、この目指す方向に進んでいくならば、必ずや選ばれる大学になれるということを、出来るだけ理論的に説明するようにしたのである。大学の教職員は、勢いで動くというところはほとんどないのであるが、頭で納得できたならば、一緒に動き出してくれるというところはあると感じている。このプロセスをきちんと押さえることが、大学のマネジメントにおいては大切なポイントであると思う。

　そして改革を進めていく際にも、悲壮感の漂うような雰囲気でなく、山登りを楽しむがごとく、進んでいることを確認しながら、会議の際には必ず笑い声が聞かれるようにするなど、できるだけ明るい雰囲気づくりを心掛けた。ゲームを楽しむようにというところまでの余裕はなかったが、明るく進めることで、マンパワーはアップできたと感じている。

　今回、幸いにして多くの入学者を得ることができたわけであるが、これが来年も続いてくれる保証は全くない。ともすれば、安心して気が緩みやすい状況でもあるが、目指すべき戦略的ポジショニングからしたら、まだまだ不十分な現状のポジションである。今年度は、このことを繰り返しアピールし、繰り返し説明していかなければならない。そして、さらに着実な歩みを重ねていかなければならないと自戒もしている。

第5章　結果の明確化と振り返り　**185**

第5章「結果の明確化と振り返り」 ここがPoint

○学生の満足度、教職員の能力開発と満足度は、必須の振り返り項目である。
○これからの広報は、顧客と市場のニーズを大学経営に反映させる機能を持つべきである。
○働きを認めていくマネジメントが大学経営には必要である。
○PDCAを回す視点は、学生の成長と心の豊かさ。

第6章 優れた経営実践校の紹介

私がベンチマークした短期大学

北海道武蔵女子短期大学

●所 在 地　北海道札幌市
●学科構成

学 科 名	入学定員
教養学科	200人
英文学科	120人
経済学科	80人

●沿　　革

1967年（昭和42年）　北海道武蔵女子短期大学（教養科）開学
1974年（昭和49年）　英文学科を開設、教養科を教養学科に名称変更
1995年（平成7年）　経済学科開設
2009年（平成21年）　学生厚生棟竣工
2010年（平成22年）　新3号館竣工

短大学長に就任して私自身が感じたこと

　私自身、短期大学のスタッフとして働いた経験や、コンサルタントとして短期大学に関わった経験はあったが、学長として働くという経験は初めてのことであったので、やはり成功事例を参考にしたいという気持ちは、正直なところあった。人文・社会系の学科や幼児教育の学科を設置している短大で順調な歩みを続けているところに関しての情報も少し集めてみた。それらはもちろん参考になる情報であったが、環境が大きく異なったり、その短大独自の事情と

いった要素が大きかったりと、そのまま適用することは適切でない事例が多かった。

　他人には成功事例に頼るなといいながら、自分自身が頼ろうとしていることに気づき、苦笑するとともに、やはりこういう時は基本から考えなければいけないと自分を戒めた。基本とは何かといえば、顧客である学生に、どのような価値を与える短大になれば必要とされるのかということである。その答えが、すでに本文に書いている「卒業後の進路が、確かで豊かな短期大学」というものであった。このフレーズから、真っ先に浮かんできた短期大学が、これまでの拙著で何度も紹介してきた北海道武蔵女子短期大学であった。

　学長に就任してから、入学定員の回復を果たすまでの二年間の歩みの中で、この短期大学をイメージしながら進めた改善・改革も少なくなかった。そしてこの度（2017年6月）、今後の本短大の歩みの指針とさせてもらう意図もあり、北海道武蔵女子短期大学を訪問し、いろいろと話を伺い、施設等も見学させてもらった。

北海道武蔵女子短期大学とは

　この短期大学のことを既に知っている人も多いと思うが、極めて順調な歩みを続けている割には、成功事例として紹介されているケースは多くないように感じている。その点について訊いたところ、何か特別な取り組みをしたことで成功したといったケースと違い、簡単に説明することが難しいので、講演等をしてほしいという依頼はあるが、お断りしているとのことであった。そう言われれば、私自身も、これまで何度も成功事例としてこの短期大学を紹介しているが、その成功の原因として理解できたものは「静かな組織能力」、「品格のある風土」といった、漠然としたものになってしまっている。

　確かに組織体質というものは非常に重要なもので、組織体質のいいところは何をしてもうまくいくが、組織体質が悪いところは成功

事例を取り入れてもうまくいかないというのは、よく言われることである。そうであれば、組織体質を改善すればすべて解決ということになるわけであるが、これがなかなか簡単にはいかないことである。簡単にはいかないことであるが、改善していく方法はあるはずである。それを少しでも探れたならば、本学だけでなく、多くの学校にとって大いに参考になることである。

　ここで、北海道武蔵女子短期大学のこれまでの歩みと現状について、簡単に触れてみたい。同短大は北海道札幌市に所在し、キャンパスは北海道大学と敷地を接した静かな環境の中にある。1967年（昭和42年）に教養科を擁する短期大学として開学され、今年がちょうど創立50周年となる。その後、1974年（昭和49年）に英文学科を開設、続いて1995年（平成7年）に経済学科を開設し、現在の3学科体制となった。人文・社会系の大学や短期大学が学生募集に苦戦する中、多くの受験生を集め、入学試験では適切な選抜機能を維持しているのである。

　そして、この短期大学の特筆すべき点として挙げられるのが、開設して以来、学科名を変更していないということである（昭和49年に教養科を教養学科に名称変更しているが、これは実質的には変更ではない）。どの短期大学でも、時代のニーズというか、人気分野の変化に合わせて、何度かは学科名称を変更したり、改組したりしている例が非常に多いのである。この短期大学が、取り巻く環境の変化に対して表面的に迎合することはせず、いかに本質を追求してきたかの証といえよう。

入学定員を増員

　入学定員や規模を縮小する短期大学は少なくないが、増加する例は極めて少ないといえる。2017年度に入学定員を増加している短期大学は、全国で3校ある。1校は北海道武蔵女子短期大学で、教養学科を20人増の200人に、英文学科を20人増の120人に、経済学科を

10人増の80人にと、すべての学科での増員となっている。他の2校の入学定員増は、いずれも保育系の学科となっている。これを見ても、この短期大学の人気のほどが分かるといえる。

このように社会の評価が高く、受験生に人気のある短期大学になれた理由は、一言でいえば前述のとおり組織体質といえよう。どんな組織体質なのかといえば、言葉で正確に表現するのは難しいことであるが、雰囲気が「温かい」のである。理事長や学長、事務局長といった経営トップの人達も温かいし、事務室内の雰囲気も、一言でいえば温かい雰囲気なのである。一般的に温かい組織は、居心地はいいが、成果を挙げるという点から見ると問題があり、強力なリーダーシップと厳しい規律の下、強い緊張感を持って働くことが成果に結びつくと思われがちである。

しかし、私自身、かつて所属していた大学が定員割れとなり、そこからの回復の過程で非常に多くの業務を少ないスタッフで処理しなければならないという状況の中で感じたことは、お互いに協力し合い、和やかな雰囲気で業務を処理できた時が、最も成果が上がっていたということであった。持論であるが、大学のマネジメントは、いかに競わせるかではなく、いかに協力し合う風土をつくれるかということがポイントであると思う。

問題は、どうしたらこの短期大学のような、温かい風土をつくることができるかということである。この短期大学を見て、この短期大学の人と話して感じたことであるが、経営幹部の人たちが大学と大学を取り巻く環境について、そしてお互いの状況について、正確に理解しているということである。これは当然のことのようであるが、そうでない状況があるために、「経営陣は現場のことが全く分かっていない」といった声がよく聞かれるのである。

このような一体感のある状況を生んでいる理由は、理事長、学長、事務局長といった経営幹部の人たちが、平素から十分なコミュニケーションの機会を持っているということにあると思われる。そ

れゆえ、経営に関しても、教学に関しても、平素の大学運営に関しても、状況をきちんと共有することができているのである。このように各部門の責任者が、他の部門のことや、自学を取り巻く環境について、きちんと理解しているという状況は、適切な企画や活動を生む源となり、企画や活動が適切であるがゆえに教職員の理解も得られ、そこから協力し合う風土がつくられたのではないだろうか。

上下の対立や、部門間の対立は、お互いの理解不足から生じていることが多いのではないかと思う。

明確な組織目標

組織の一体感というものは、組織風土をつくるうえでは欠かせないことである。一体感のない組織では、どうしても自己中心的になるので、好ましい風土は決してつくれないからである。そして、この組織の一体感をつくるために不可欠なものが、適切な組織目標というものである。北海道武蔵女子短期大学の建学の精神の中に、「すぐれた知性、清純な気品、実践への意欲という『知・情・意』を兼ね備えた教養豊かな現代女性を養成する」という一文がある。これがこの短期大学の教育理念となり、組織目標となっている。

この組織目標も、確かな顧客理解や市場理解からきているものと思われる。すなわち、このような女性を社会が求めているということと、社会が求めている女性になることによって、卒業後の人生が豊かなものになることを、学生も保護者も強く願っているという理解に基づいたものといえる。そして、きちんとした顧客理解、市場理解に基づく組織目標であるがゆえ、教職員の理解と共有が促進され、それが現在までの素晴らしい就職実績として実を結んでいるといえる。

平成28年度の卒業生で見ると、就職者数が400名、うち金融機関に76名、公務員・農協・郵便・図書館に49名、航空会社の客室乗務員・グランドスタッフなどに39名、そして職種で見てみると、事務

職といわれているものに145名が就職している。これは、まさに顧客ニーズに合致した就職実績といえる。この就職実績が受験生の人気や社会の評価を高め、それが定員増につながる募集状況を生んでいるのである。

そしてこの組織目標は、学生を中心としたキャンパスの風土にも影響を与えているようである。時には派手な感じの新入生もいるそうだが、数か月も経つと、武蔵らしい雰囲気に変わっていくという。確かにキャンパスで見かける学生たちは、明日から企業のオフィスに座っていても違和感のないたたずまいの学生が多い。

生徒を送る高等学校側も、この短期大学の教育理念、そして雰囲気を理解しているため、武蔵にあった生徒を送ってくれているとのこと。そして受け入れてくれる企業の方も、この短期大学の学生の良い点が活かされる企業が多いとのことである。まさに入学時点での適合性と、卒業後の進路との適合性が、武蔵の二年間の学びや活動を中心として、一貫性を持ちながら、いい循環を生んでいるといえる。その意味では、まさに３つのポリシーの実質化の好例といえよう。

確かなポジショニング

武蔵の教育理念を実現するためには、四年間は、やや長すぎるという。四年あると確かにゆとりはあるのだが、中だるみも起きやすい。社会に出て必要となる教養や意欲を身に付けさせるためには、二年間が丁度良いとのことである。これは、おそらく武蔵だからということもいえるのではないだろうか。前述したように、武蔵の教育理念に適合した入学者が得られるから、そしてその教育理念に合致した雰囲気のキャンパスが、二年間の教育で素晴らしい卒業後の進路を実現させることを可能にしているのではないだろうか。だからこそ、いろいろな短期大学等が武蔵の真似をしようとしても、できないのである。

組織が成果を挙げるために必要とされるものに、戦略的なポジショニングと組織能力という二つのものがある。組織能力は、前述の組織体質と同義といえる。そして戦略的ポジショニングとは市場における有用な、差別化された位置、役割である。北海道武蔵女子短期大学のポジショニングは、高等学校、そして企業とも協働した、まさに絶妙なポジショニングであるといえる。大学の力だけで築き上げたポジショニングというものは、どうしても真似されやすく、真似されてしまうと差別化された役割という面が弱くなってしまう。それが、武蔵のように、高等学校側にも教育理念を理解してもらい、受け入れる企業からも、その教育成果を認められているという中でつくられてきたポジショニングは、なかなか真似することはできないのである。

　武蔵の受験生は、北海道内の四年制大学との併願者が多いという。それゆえ他の大学からは、「武蔵さん、自分のところを短大だと思っていないでしょう」と言われることもあるようである。では何なのかといえば、四大でも短大でもない、武蔵という存在なのである。いわば、究極のポジショニングといえる。だからこそ、四年制大学への改組という選択肢の提示にも迷うことなく、今のままで行きますという結論が出てくることになるのである。

　陽光が豊かに降り注ぐ、見晴らしの良い学生食堂で、活発そうな、忌憚のない声が聞けそうと思えた二人の学生に声をかけてみた。「学生生活は楽しいですか」と。「楽しいです」という声が、揃って返ってきた。「では、100点満点でいったら、何点くらいですか」と重ねて聞いてみた。80点か90点という答えを予想していて、では足りない10点ないし20点はどんなところですかというという次の質問を用意していたのであるが、それは要らなかった。二人とも「100点です」と即答したのである。

　見ず知らずのおじさんからの、しかも唐突な質問だったので、じっくり考える余裕がなかったという事情もあるかもしれないが、

第6章　優れた経営実践校の紹介　**193**

なかなか満点はつけないものである。私もコンサルタントとして、そして学長として他の大学の学生や自学の学生を何人もインタビューしたことがあり、その際には必ず今回と同じ質問をしたのであるが、100点と答えた例はなかったと記憶している。これも、まさに風土のなせる業なのだろう。

　月が地球の周りを、地球が太陽の周りを、何かでつながれているわけではないが絶妙のバランスで回るように、北海道武蔵女子短期大学の歩みも、関係する人たちの中で絶妙なバランスによって動いているように感じられた。宇宙をつくった創造主のように、これまで武蔵に関わった関係者の善意と熱意とが、この絶妙なバランスをつくりだしたように感じられた。

□問合せ先

北海道武蔵女子短期大学

〒001-0022　北海道札幌市北区北22条西13丁目

TEL：011-726-3141（代表）

地域を愛し、地域に愛される大学

―――――――――――――――――――――― 新潟国際情報大学

●**所 在 地**　新潟県新潟市
●**学部構成**

学 部 名	入学定員
情報文化学部	150人
国際学部	100人

●**沿　　革**

1994年（平成6年）　新潟国際情報大学（情報文化学部）開学
2003年（平成15年）　新潟中央キャンパス開校
2014年（平成26年）　国際学部開設
2014年（平成26年）　学生会館竣工

地元で圧倒的な人気を誇る

　私が以前所属していた大学は、1999年（平成11年）に国際社会学部を開設する大学として開学したので、新潟国際情報大学より5年遅れての開学であった。私の大学は、開学してすぐに定員割れとなり、回復するまでの苦しい時代を経験したので、同じ系統で、しかも同じく地方にありながら、順調な募集状況を続けているこの大学は、その時から気になる存在であった。

　当時、広報の責任者でもあった私は、新潟地区の高校訪問を担当していた。新潟市内のある高校を訪問した際に、その高校の進学先に話が及んだ。その時に、新潟国際情報大学に毎年、30～40人程度が進学しているという話を聞き、大変驚いたことを覚えている。いくら地元の大学とはいえ、特定の私立大学に、それだけまとまった数の進学者がいるというのを、聞いたことがなかったからである。私がかつて所属していた大学でも、現在学長を務めている短期大学

第6章　優れた経営実践校の紹介　**195**

でも、最も進学者の多い高校でも、せいぜい12、3人という状況である。

　地域の高校から、それだけ多くの入学者を確保できている理由が知りたくて、その後、新潟市内の高校を訪問するたびに、いろいろな高校の進路担当の先生に尋ねたのであるが、「新潟市内にある」という理由しか出てこなかった。確かに新潟市内にあるということは優位性があることになると思うが、市内とはいっても、中心からはだいぶ離れた郊外に位置しているので、それだけで、このような順調な募集状況となっているとは考えにくいことである。

　では、どうしてなのであろうか。20年近く疑問に思っていたことを、今回、少しでも解明できたら、他の大学等にも参考になるものが得られるのではないかと考え、取材させていただいた次第である。

地域で育成、地域で活躍

　新潟国際情報大学の設立準備が始まった1990年（平成２年）当時は、新潟県内の高校生の大学・短大進学率は全国で46番目、すなわち下から２番目という状況であった。この状況を改善し、国際的な視野を持った人材を、地元の大学で育成し、地元の経済産業界に定着させ活躍させたいという、地域社会の要請に応えるための大学設立構想であった。すなわち、当初から地域社会を強く意識した大学構想であったといえる。

　この趣旨を貫徹するため、学生募集に関しても、開学当初から県内を対象とした活動を行っていて、最初の四年間は「地域指定入試」という、新潟県内の高校に対象を限定した推薦入試を実施している。その後は地域限定でない通常の指定校推薦入試に移行してはいるが、内容としては、指定枠の依頼先はほぼ県内の高校となっている。実態として、受け入れを想定している指定校推薦の入学者数は県内の高校で充足してしまうため、県外に指定校の推薦枠を配布することができない状況のようである。

このような状況は、他の地方にある大学から見れば、非常にうらやましい状況といえよう。地方にある私立大学は、当然ながら地元からの入学者を最も期待しているのであるが、残念ながら地元の入学者だけでは定員が充足できないため、通学圏外も対象とした、費用の面でも人手の面でも効率の悪い募集活動を余儀なくされているからである。

　新潟国際情報大学の入学者の内訳を見てみると、次のとおりとなっている。

年度	2009	2010	2011	2012	2013	2014	2015	2016	2017
県内	312人	310人	311人	292人	311人	293人	298人	305人	317人
県外	1人	2人	5人	6人	0人	5人	12人	4人	12人

※入学定員250人

　このように、県内比率の低い年でも95％、年によっては100％県内というように、ほとんどの入学者を県内から集められているという状況を生んだ理由は何であろうか。新潟県と新潟市が設置経費の３分の２以上を負担し、その他の周辺自治体や地元の産業界からの寄付によって創設されたという経緯から見ても、地元の大学で人材を養成したいという、地域社会の強いニーズがあったことは間違いないであろう。

　そして、そのニーズに対応する学びの内容として、「国際」と「情報」を選択したことが適切だったといえよう。この選択は、大学側に、取り巻く状況に関しての確かな認識があったことによるものと思われる。当時、環日本海パートナーシップの重要性が認識され、グローバルな視野を持つ人材の育成の必要性が唱えられ始めた状況の中で、県内で初めて本格的に「国際」を学べる大学として誕生した同大学の開学は、極めてタイムリーなものであったと思われる。

　これは、「情報」においても同様である。当時は、パソコンが市場に出始めたころで、産業界においても、パソコンのスキルやシス

第６章　優れた経営実践校の紹介　**197**

テムに関しての知識等を持っている人材の必要性が急速に高まった時代であった。そのような「情報」を学べる大学、しかも理工系の学びではなく、文系の学びの中で「情報」を学べる新潟県内初の大学ということも、地域社会のニーズに合致したものであったと考えられる。

そして、大学卒業後の就職に関しても、大学開設構想の基にあった地域社会の要請にこたえて、7割程度の学生が県内の企業等に就職している。その卒業生たちが、期待通りに活躍してくれたことにより、地元産業界からの継続した人材ニーズがあり、そのことによって、地域で学び、地域で活躍という、当初の構想通りの好循環が生まれているといえる。

開学以来、定員割れなし

入学者の県内比率の高さも特筆すべきことであるが、もう一つ、この大学の素晴らしいところは、開学以来、一度も入学定員を割り込んでいないということである。地方にある大学、特に人文・社会系の大学で、継続して定員を充足できているところは極めて少ないのではないだろうか。私のいる群馬県でも該当する大学はないし、新潟県でも、この大学だけである。

その理由として挙げられるものは、前述の開学時の適切な状況認識に加えて、その後の時代の変化、周囲の変化に対応して大学自身も変化し、その時々の学生にとって有用な価値を与え続けたことである。例えば、同大学は2008年5月に日本技術者教育認定機構（JABEE）の認定を得ているが、これも開学当初のような、単にコンピュータースキルを養成するだけでは不十分な環境になったことに対応して、より専門性の高い情報教育を提供できる体制を整えるためである。

また、2014年度には情報文化学部情報文化学科を国際学部国際文化学科に移行し、情報文化学部情報システム学科との2学部2学科

体制としている。もともと、情報文化学科では４割近くの学生がロシア、中国、韓国、アメリカに留学していたので、「国際」の学びの要素は少なくなかったのであるが、その学びをより充実させ、開学当初から求められていた、グローバル人材の養成をよりよく行えるようにしたものである。

　そして2018年度からは、情報文化学部情報システム学科を、経営情報学部に改組し、学科も経営学科と情報システム学科の２学科に改編することとなっている。これも、視野の広い働き方が求められるようになった時代の変化と、情報だけでなく、経営全般の素養も身に付けた人材がほしいという、地域社会のニーズに対応したものと思われる。

　イギリスの自然科学者であるダーウィンが言ったかどうかは疑問もあるようであるが、有名な言葉に『最も強い者が生き残るのではなく、最も賢い者が生き延びるのでもない。唯一生き残るのは、変化できる者である』というものがある。組織が必要とされるためには、顧客（大学でいえば学生）という対象に価値を与え続けることが必要である。そして、価値というものは環境によって変わるものなので、それに対応して組織のあり方も変えなければならない。そのことを、この大学は実践してきたからこそ、開学してから24年間、非常に厳しい環境にもかかわらず、入学定員を充足することができているのだと思う。

　そしてこの変化を可能にしてきたものは、理事長、学長、事務局長といった経営陣が密にコミュニケーションを交わし、状況を適切に認識した基本方針を打ち出せていることによるものと思われる。現に、2018年からの学部再編プランは、学長のリーダーシップのもと、理事会で検討され、実現に至っているものである。

適切な選択と集中
　新潟国際情報大学で当初から共有されている言葉として、「地元

で評価されない大学は、どこでも評価されない」というものがあると聞いた。この言葉を聞いて思い起こしたことは、イギリスの航空工学の研究者であるランチェスターが、戦争の戦い方として考案したランチェスターの法則を、組織経営に応用したランチェスター経営のことであった。

ランチェスター経営の中に、小さな組織の戦略というものがある。その重要な要素として、小さな組織は戦う範囲を限定すること、すなわち局地戦を展開すべきであるというものがある。そうしないと、戦力が分散してしまい、どのエリアにおいても成果が出ないということになってしまうからである。当然と言えば当然のことであるのだが、エリアを限定することに不安があるため、どうしても広げたくなってしまうのである。

扱う商品等に関しても同様である。小さな飲食店なのに提供するメニューを多くしてしまうことで、どのメニューも中途半端な品質になってしまい、客足が離れることになってしまうのである。要は、パワーを向ける対象を限定し、そこに全力を注ぐことで、その点に関しての評価を得ていく、ということが重要になるのである。

新潟国際情報大学は、まさにこの局地戦を行って成功しているのである。ただし、エリアを限定し、そこにパワーを集中すれば、必ず成果に結びつくというものではない。「選択と集中」ということはよく言われるが、成果に結びつくためには、適切な対象を選択することが不可欠なのである。そうでないと、パワーの浪費となってしまうからである。

この大学は、自学の対象として中堅層の学生を選択したのである。その理由は、対象の人数が多いということもあるが、その層に、地元で学び地元に就職するというニーズを持っている人が多いだろうという認識に基づくものであったと思う。その読みは見事に当たり、開学以来、一度も定員割れなく、しかも95％以上が県内の学生という、目指した状況を実現しているのである。

200

自学の対象を選択するということは当たり前のように思えるが、意外と出来ていない大学が多いのである。それは選択するという意識がない場合もあるし、特定することに不安があるということもあると思う。しかし、対象を特定しないことには、相手の状況やニーズを把握することもできないので、状況やニーズに対応した教育・支援をすることができず、成果につなげることができなくなるのである。この大学の歩みが、そのことを示していると思う。

和やかな中で、成長できる風土

　ある年の志願者が、特に理由はないと思われるのに急減したことがあった。この時に、学長から非常事態ゆえに至急、原因究明と対策を講じる必要があるとの文書が出された。これに対応して、各部署が振り返りを行い、改善につなげることで翌年には、急減前を上回る志願者を得るという急回復を果たしている。大学でよく聞く話は、学長が緊急事態を告げる笛を吹けど、冷ややかな対応で誰も動き出さないということである。

　同大学の、このような組織体質をつくりだしているものは何なのだろうか。私自身、この大学に研修も含めて何度か関わらせてもらったことがあるが、非常に雰囲気が和やかなのである。一度も定員割れしていない大学なので、和やかでいられるということも、もちろんあるとは思うが、それだけでなく、地域の人材を育成し、地域に還元するという、同大学の使命をそれぞれが共有し、お互いをそのための同労者と感じているが故の和やかさではないかと思うのである。

　同じゴールを目指しているから、他者への不満もなく連携・協働することができ、その中で互いに切磋琢磨しつつ成長を図っていけるのではないだろうか。私の持論であるが、大学での働き方は、方向性を共有し、それぞれが個性を発揮しつつ連携・協働していくことが、最も効果的、効率的ではないかと考えている。鶏が先か卵が

第6章　優れた経営実践校の紹介　**201**

先かは意見が分かれるところであるが、成果を挙げている大学の風土は和やかであるということは、私自身の数少ない経験ではあるが、体感しているところである。

　組織の成果と個人の成長、まさにこの二つの重要な要素を併せて実現しようとしているマネジメントが、この大学の良い風土をつくっているのではないかと感じている。そしてこの風土が続く限り、地域のニーズ、学生のニーズを的確に認識し、それに対応した価値を与えることのできる大学として存続していくことは間違いないと思う。地域の熱い思いによってつくられた大学が、環境が厳しくなってからの24年間の歩みの中で素晴らしい成果を挙げられたのも、組織目標を共有できたことによる組織の一体感によるものと思われる。

　厳しい環境下では、何もしないでいると、どうしても風土は消極的で自己中心的なものになりやすい。厳しい環境下だからこそ、もう一度、建学の精神、自学の使命を確認し、それを共有することが、成果を生む王道であることを示してくれるのが、まさにこの大学の歩みである。

□問合せ先

新潟国際情報大学

〒950-2292　新潟県新潟市西区みずき野3-1-1

TEL：025-239-3111（代表）

風土と仕組みが生み出す組織能力

―――――――――――――――――――― 福岡工業大学

●**所 在 地**　福岡県福岡市
●**学部構成**

学　部　名	入学定員
工学部	380人
情報工学部	375人
社会環境学部	160人

●**沿　　革**

1954年（昭和29年4月）　福岡高等無線電信学校を創設

1960年（昭和35年4月）　福岡電子工業短期大学を開設

1963年（昭和38年4月）　福岡電波学園電子工業大学工学部を開設

1966年（昭和41年4月）　大学の名称を福岡工業大学に変更

1993年（平成5年4月）　大学院工学研究科修士課程開設

1997年（平成9年4月）　情報工学部開設

1999年（平成11年4月）　大学院工学研究科博士後期課程開設

2001年（平成13年4月）　社会環境学部開設

2007年（平成19年4月）　大学院社会環境学研究科修士課程開設

2015年（平成27年4月）　大学の入学定員を830名から915名に変更

2016年（平成28年4月）　物質・エネルギーデバイス研究センター設置

成熟度の高い組織

　日本私立大学協会が、毎年、開催している広報担当者協議会という研修会で、何年か前に福岡工業大学の事務局長に広報に関する講演を担当してもらったことがある。講演内容は、単に広報活動の現状を紹介するといった表面的な内容ではなく、これからは大学の質

が問われる時代であり、その質の内容が、広報が伝えるべき材料となる。したがって広報を効果あらしめるためには、この質の向上が不可欠であるということを、ラーメン屋を例にして、分かりやすく説明した講演であった。

　学生募集状況の厳しい大学でよく聞く言葉に、「うちは広報が弱い」というものがあるが、広報の問題ではなく質の問題であるという話である。私の頭の中のイメージでは、事務局長といえば、予算面以外では広報にあまり関わらない、傍観者的な立場というものであったので、管理部門のトップが、これほど広報について理解しているということは、新鮮な驚きでもあった。と同時に、大学組織において最も弱いと思われる組織目標の共有と、それに基づく組織の一体感の醸成というものが、この大学では機能していると感じさせられたのであった。

　現在、職員の能力開発を図るアドミニストレーション専攻を開設している大学院で、「エンロールメント・マネジメント」という総合的な学生支援策に関する授業を担当しているが、その中で課題として必ず挙がってくるものに、自部門の都合が優先され総合的な支援となりにくいとか、大学が一丸となることが、なかなかできないというものがある。私自身、この授業の中での受講生（ほとんどが大学職員である）とのやり取りを通じて、改めて大学という組織をまとまった組織としていくことの困難さを痛感していた。

　そのようなこともあったので、福岡工業大学が、組織の一体感をつくるという難しい問題を、どのようにして克服したのかということを知りたくて、今回、取材させてもらうこととなった次第である。

11年連続で志願者が増加

　福岡工業大学が毎年、発行している「教育・研究活動報告書」の中に、入学志願状況の推移が示されているが、それによると、平成18年度入試から29年度入試までの11年間、連続して志願者が増加し

ていることが分かる。平成18年度以降の18歳人口の推移は、ご存知のとおり、130万人台から120万人へ、そして110万人台へと減少の一途をたどっているのである。そのような時期に、このように右肩上がりの、優れた成果を出している大学は、全国でもそう多くはない。

　組織が発展するために必要な要素として、戦略的ポジショニング（必要とされる在り方）と組織能力の二つが挙げられる。シンプルに言い換えるならば、適切な組織目標を設定することと、その目標を達成できる組織の力ということである。福岡工業大学を取材してみて感じたことは、マスタープランと呼ばれている中期の目標をきちんと設定していることももちろん優れているのであるが、特筆すべきことは、それを絵に描いた餅に終わらせない、この大学のすばらしい組織能力である。

　大学という組織は、考えることの得意な人たちが集まっているので、計画をつくることには、それほど大きな困難は伴わない。しかし、それを実行する場面になると、それぞれの都合や多忙さが主張され、計画期間終了時には、できなかった理由が説明され、また同じような計画が策定されることになるのである。恵まれた環境下では、それでも大きな支障はなかったのであるが、現在のような厳しい環境の中では、そのようなことでは大学組織の継続性が危ぶまれることになるのである。

　福岡工業大学では、中期のマスタープランを基に単年度の行動計画（アクションプログラム）を策定し、それを着実に実行することで、11年連続の志願者増という成果を獲得しているのである。計画は、実行できれば必ず何がしかの成果を生むものである。大学が存続していくために、今、最も必要とされているのは、この実行力、すなわち組織能力であると思う。

実行力を支えるマネジメントと仕組みづくり

　まず優れた仕組みとして感じたことは、マスタープランのつくり

方である。各部門の教職員からなるマスタープラン策定委員会が原案を作成するのであるが、会議は公開で行われていて陪席は自由、意見を言うことや、質問することも可能となっている。開催頻度も月に２回程度とかなり高くなっている。また話された事柄は速報として全学に配信され、その後、議事録も全学に配信されるようになっている。そして、素案ができた段階で全学に公開し、それに対しても意見がいえる機会を設定している。また、マスタープランが決定された後には、全学合同のキックオフ式も開催されている。

　人が、決められた計画を積極的に実行しないことの理由の一つに、自分の知らないところでつくられた計画だから、というものがある。私自身の経験でも、例えば休日の朝、今日は草むしりでもしようかなと思ってリビングに行くと、妻から「たまには草むしりをしてよ」と言われると、途端にやる気が失せてしまうのである。やろうと考えていた事と、依頼されたことは同じことなので、素直に実行に移せば問題はないのであるが、自分が決めたことが、他人から言われたことに変わった瞬間に、やる気が失せてしまうのである。

　大学という組織は、命令系統が弱い組織であるので、どんなに良い内容の計画を定めても、それだけでは行動につながりにくいのである。何を決めるかよりも、どう決めるかが、大事なこととなる。すなわち、いかに各教職員を関わらせるかということである。いかにして、この計画は自分も関与した計画であるという認識を持たせられるかということである。そのところを、この大学はきちんと認識していて、意思決定のプロセスを非常に重視しているのである。

　また、計画を実行に移すためには強い意欲や意思といったものが必要となるが、それに依存していては、継続性という意味では確実性に欠けることになる。それを補うものが、適切な活動を生み出す仕組みづくりである。大学は、恵まれた環境が長く続いていたため、何となく経営していても大丈夫だったため、この仕組みづくりということが弱い組織であると感じている。取り巻く環境が厳しさ

206

を増す今日、実行に当たる個人の資質と意欲に期待するのではなく、人が変わっても確実に動いていく組織にしていく必要がある。

福岡工業大学では、策定されたマスタープランは３年後に一度見直すことが定められていて、レビューは毎年行われている。そして、マスタープランを実行する単年度の計画としてアクションプログラムが約40の各部門で作成され、それが予算管理単位となっているので、資金面でも実行性の担保が図られている。

アクションプログラムは「APカード」で管理され、そこには事業の概要に加えて、プロセス指標、又は結果指標で示された目標値と達成時期が記されていて、上期と年間のレビューでそれぞれ達成状況が検証されるようになっている。このアクションプログラムにおいて、毎年300を超える改善計画が提案されている。

また、PDCAサイクルが回る仕組みもきちんと整備されている。プランの策定は実行を担当する部門で行われ、それが予算審査会で審査され計画となる。そしてその計画の進捗状況を半期のレビューで確認しつつ、必要な修正や改善を施す。そして結果をきちんと確認し、振り返ることで改善点を明らかにし、それを次の計画に活かしていく。また、活動結果については、毎年発行している「教育・研究活動報告書」などで公表し可視化している。このことにより成果が明確となり、社会的な信用を高めるとともに、教職員の意欲向上にもつながっている。

絶対実行を支える風土づくり

福岡工業大学の行動規範は、「Just Do It」である。付記されている言葉は、「即断実行（改革に時間的ゆとりは少ない）」である。この必要性は、私自身、これまでいくつかの大学の経営支援に従事した際に、痛感したことである。会議でいいアイディアが出されても、今年は時間的に無理でしょうから来年にしましょうと、平気で一年も先送りされる現場を目の当たりにしたからである。

これは長い時間の中でつくられてきた大学の風土であり、新しいことをやりたくない人にとっては快適な風土でもあるので、現状維持の力が働き、なかなか簡単には変えられないものである。この大学も1995年から96年頃に入学者の減少傾向が表れたそうであるが、その当時の風土は、あまり積極的なものではなかったのかもしれない。

　入学者の減少や、それに伴う収入の減少に危機感を抱いた当時の理事長が早期退職者優遇制度を導入し、代わりに民間企業出身者13名を管理職から中堅にわたって採用したのである。当時の職員数は70〜80名だったので、企業出身者の導入比率としては少なくないものであった。この大胆な決断が、組織の風土を変えるきっかけとなったと思われる。企業出身者を管理職に登用するケースは少なくないが、それが少ない人数であると、従来の風土という壁に阻まれて、新しい風を起こすことが難しいのである。

　また、同じ時期に民間企業出身の理事長が着任し、新しい風土づくりが加速したのである。理事長は着任するとすぐに、経営理念としての「For all the students」（すべての学生生徒のために）と、行動規範としての「Just Do It」を打ち出し判断基準と行動指針を明らかにしたのである。

　そして、すぐ行動することで状況が変わることを教職員に体感してもらうため、各自のデスクの清掃や管理職や中堅職員による玄関の掃除、駅からキャンパスまでの清掃活動といったことを行い、目に見える変化をつくっていったのである。また、学生が中心であるという意識に変えるため、デスクの配置をすべて通路に向ける、すなわち、学生に対して正面に座るように変えることも行っている。意識を変えろと言うだけでなく、形を変えることで意識の変革を図ったのである。

　私自身も、現在の短大学長としての働きの中で感じたことは、改革の意欲を引き出し、それを継続させていくためには、良い変化を示すということが不可欠であるということである。人間、「分かっ

ちゃいるけど始められない、続けられない」というケースが多いのである。その状況を変えるためには、目に見える良い変化が特効薬なのである。

また、大学の常識は社会では非常識であり、大学は意識を変えなければ社会で必要とされる存在になれないということを教職員に伝えるために、「Just Do It」という学内通信を毎週1回という、高い頻度で発信している。そのタイトルを見てみると、「あいさつ」、「ドラッカー読みの掃除知らず」などの基本的な生活習慣の重視や、「チャレンジングな行動を」とか「げに恐ろしきは"マンネリズム"」といった積極的な風土づくりを促すメッセージが掲載されている。教職員が、経営理念や行動規範を頭で理解するだけでなく、平素の行動に自然と現れてくるまでメッセージを発信続けるということは、大変なパワーが要ることではあるが、非常に重要なことであると思う。

言葉が風土をつくる

以前に福岡工業大学の話を伺った時に興味を持ったことに、学内では「充実」「強化」「推進」「検討」といった言葉は禁句だということがある。それは、どのような行動をすべきなのかということが明確でない、抽象的な言葉で表現された計画では、具体的な行動が生じにくいため、改善、改革が進んでいかないということである。例えば、「高校訪問の強化」という表現でなく、訪問範囲をどのエリアまで拡大するとか、重点校への訪問回数を年3回から4回に増やすといったように、必要な行動が明確になる表現にしなければならないということである。

戦略や計画を策定するときには、「充実」や「強化」という言葉は非常に使い勝手がいいものである。しかしそれでは、どの程度の充実、強化なのかということが明確でないし、結果を検証する場合でも、どの程度の達成状況なのかということが判断できないことに

なってしまう。これは計画策定の時だけでなく、会議等の際にも留意したいことである。「前向きに検討しましょう」といった言葉もよく耳にするが、いつまでに、どの程度まで検討したらいいのかといった具体的なイメージは浮かんでこない。それはある意味、今は行動には移さないということになるのである。

「Just Do It」もそうであるが、福岡工業大学では、風土づくりに言葉が果たす力というものをよく認識していて、効果的な言葉を選択することで、積極的な風土づくりを推進している。それが職場風土の中に、適度な緊張感をもたらしているように感じられる。

この大学の何人かの職員の人と会って話したことがあるが、他の大学の職員の人とは異なった香りがするのである。それは、組織目標を共有した連帯感、その中で組織の成果と自己の成長を追求する姿勢といったものが、生み出しているように感じられた。大学の改革に必須な風土づくり、この大学に学ぶべき点は多いと思う。

□問合せ先

福岡工業大学

〒811-0295　福岡県福岡市東区和白東3-30-1

TEL：092-606-3131（代表）

おわりに

　2018年問題といわれるように、ここ10年近く下げ止まっていた18歳人口が、2018年（平成30年）から再び減少に転じることになる。各大学とも、この状況に対して大きな危機感を抱くとともに、緊急な対応の必要性も痛感していることと思われる。しかしながら実際に大学組織が一丸となって、改善・改革のうねりが起きているかといえば、そうとは言えない状況である。

　過去を振り返って考えてみても、18歳人口が最近のピークの205万人であった1992年（平成4年）の時には、平成20年以降に18歳人口が120万となることは分かっていたのである。しかしながら、そのことに対して、組織的にきちんと対応できた大学は少なかったのである。

　以前、読んだ本に、「このままの生活を続けていくと心臓病で死にますよ」と医師に言われたとき、実際に生活を改善できる人は7人に1人と書かれていたが、まさに分かっているけれど、できないケースというのが多いのである。私が就任した短期大学もそうであった。危機感を感じつつも、人手もない、資金もないという中で、多少の改善は加えつつも、毎年の決まった歩みを続けていたのである。

　そのような中で、学びの道筋を在学生にも受験生にも明らかにしたコース制の開設や、伝わることを目的とした広報活動への転換などの諸施策を実施し、定員の回復を果たしたのである。その中において心掛けたことは、希望の持てるあるべき姿を描き、そこに向けて明るさを失わずに歩むこと、コミュニケーションを豊かにすることでみんなの知恵を集めること、動くことで改善することを実感してもらうということであった。

　高校生の5％しか進学しなくなった短期大学、専門学校に押され

気味で存在感の乏しくなった短期大学、そのような中で人的資源も物的資源も乏しくなり、大きな変化はできないという極めて厳しい環境の中でも、明るく、賢く、そして動ける組織になれるならば、必ずや生き残れるということを示したかったのである。そして、この実践の記録を読むことで、このような逆境下でもできたのならば、自分たちの学校も必ずや生き残れる学校になれるという確信と、そこに向けて動き出す意思を持っていただける学校が、少しでも多く出ることを切望するものである。

【著者】

岩田雅明／新島学園短期大学学長、大学経営コンサルタント

1951年、群馬県前橋市生まれ。東京都立大学（現首都大学東京）法学部卒業。卒業後は一貫して学校のマネジメントに従事し、志願者数倍増などの実績を持つ。「組織を成功体質に変える」をモットーに、大学が将来にわたって成長していくためのコンサルティング活動を行う岩田雅明オフィスの代表を務めている。2015年4月、現職着任の傍ら日本私立大学協会附置私学高等教育研究所研究員（私立大学マネジメント研究）、桜美林大学大学院非常勤講師。直近の労働者派遣法改正にともないキャリアコンサルタント。

著書／『未来学〈大学の正しい選び方〉』（エール出版社）
　　　『実践的学校経営戦略—少子化時代を生き抜く学校経営』
　　　『原稿生のキャリア・デザインと新しい進路指導』
　　　『生き残りをかけた大学経営—大学、置かれた時代から未来
　　　朝へ』『「大学の機能的経営—学校を考える学校近未来—』『機能的
　　　大学広報の実践ハンドブック—経営戦略を実現できる"職員力"。』

連絡先／info@iwata-masaaki.jp

生き残りをかけた大学経営の実践
—消えてゆく大学にならないために—

平成30年1月30日　第1刷発行

著者　岩田雅明

発行　株式会社ぎょうせい

〒136-8575　東京都江東区新木場1-18-11
電話　編集　03-6892-6508
　　　営業　03-6892-6666
フリーコール　0120-953-431
〈検印省略〉
URL https://gyosei.jp

印刷・製本　ぎょうせいデジタル株式会社
©2018 Printed in Japan
落丁・乱丁本はお取り替えいたします。

ISBN978-4-324-10426-2 (5108389-00-000)　[略号：生き残り大学（実践）]

次代を創る「資質・能力」を育む学校づくり【全3巻】

天笠 茂【編集】
A5判・カット名画（本体7,200円＋税）

- 教育に関わるすべての教育課程、カリキュラム・マネジメント、「主体的・対話的で深い学び」——。
- 学校経営全体を見渡して、各課題についてのポイントや方策を解説します。
- 新教育課程で求められる、次世代に向けた、新教育課程に向けた「学校つくり」を考えるシリーズ。

巻構成
- 第1巻　「社会に開かれた教育課程」と新しい学校つくり
- 第2巻　「深い学び」で子どもを育てる授業つくり・授業つくり
- 第3巻　新教育課程とこれからの教師の学び・研修

平成30年度からの移行措置対策を！

- 教科ごとに改訂内容のポイントを解説。
- 現場では移行措置をどう対応するか。
- 豊富な実践事例とQ&Aで、明日の授業つくりを徹底サポート!!

小学校新学習指導要領実践講座【全14巻】
平成29年改訂

A5判・本文2色刷り・カット名画（本体25,200円＋税）

巻構成
総則　国語　社会　算数　理科　生活　音楽　図画工作　体育　家庭　外国語活動・外国語　特別の教科 道徳　総合的な学習の時間　特別活動

中学校新学習指導要領実践講座【全13巻】
平成29年改訂

A5判・本文2色刷り・カット名画（本体23,400円＋税）

巻構成
総則・総合　国語　社会　数学　理科　音楽　美術　保健体育　技術・家庭　外国語　特別の教科 道徳　総合的な学習の時間　特別活動

株式会社 **ぎょうせい**
〒136-8575 東京都江東区新木場1-18-11
フリーコール
TEL:0120-953-431 FAX:0120-953-495 [平日9～17時]

https://shop.gyosei.jp